KB123577

프랭크 스코필드
부부의
수발신 편지
1916~1923

내한선교사편지번역총서 7

프랭크 스코필드
부부의
수발신 편지
1916~1923

프랭크 스코필드 외 지음
정재현·김종우 옮김

역자 서문

　프랭크 스코필드 박사님은 누구보다 한국인들을 사랑했으며, 일평생 정의롭게 사셨던 분이셨습니다. 그러므로 많은 이들이 그분의 업적을 기리고 또 알리기 위하여 지금도 애를 쓰고 있으며, 저희도 부족하나마 박사님과 관련된 편지들을 번역하여 그분의 생애와 업적을 기리고 여러분들에게 알릴 수 있는 기회를 얻게 됨을 진심으로 기쁘게 생각합니다.

　본 번역서가 나오기까지 많은 분들이 힘을 보태어 주셨습니다. 특별히 스코필드 박사님의 귀한 사진 자료들을 보내주시고 표지에 사용할 수 있도록 허락해주신 〈사단법인 호랑이스코필드기념사업회〉 여러분들께 깊은 감사의 말씀을 드립니다. 또한 『내한선교사사전』의 스코필드 박사님의 생애에 관한 부분을 번역서에 실을 수 있도록 허락해주신 〈한국기독교역사연구소〉 여러분들께도 고개 숙여 감사의 말씀을 올립니다.

　이 외에도 한 분 한 분 이름을 언급하지 못한 많은 분들의 도움이 없었다면 본 번역서는 세상의 빛을 보지 못하였을 것입니다. 지면을 빌어 다시 한 번 감사를 드립니다. 부디 이 번역서를 통하여 스코필드 박사님의 귀한 정신이 앞으로의 미래 세대들 가운데 계속해서 이어져 나가는데 작은 보탬이 되기를 바랍니다.

역자 일동

차례

◇ 번역문   ◇ 원문

일러두기

1. 번역문이 근거한 편지의 컬렉션명과 자료 소장처는 Presbyterian Church in Canada Board of Foreign Missions fonds, United Church of Canada Archives이다.

2. 번역문, 원문 순서로 수록하였다.

3. 원문에서 식별하기 어려운 부분은 [illegible]로 표기하였다.

4. 원문의 단어에 오류가 있을 경우 적절히 수정하였다.

1. 프랭크 스코필드의 생애[*]

영국 워릭셔(Warwickshire)주 럭비(Rugby)에서 출생했다. 어릴 때 이름은 프랜시스 윌리엄 스코필드 주니어(Francis William Schofield Jr.)였으나 1895년 프랭크 윌리엄 스코필드로 개명하였다. 영국에서 고등학교 과정을 마치고 농장의 가축관리인 조수로 일하다가 1907년 홀로 캐나다로 이민하였다. 농장에서 일하면서 토론토대학교 온타리오 수의과대학에 입학하여 1910년 졸업했다. 1911년 같은 대학교에서 수의학 박사 학위를 받았다. 1913년 9월 음악을 전공한 앨리스(Alice)와 결혼하고, 1914년 모교에서 세균학을 강의했다. 세브란스의학전문학교 교장 에비슨(O. R. Avision)의 초청과 권유로 부인과 함께 1916년 11월 캐나다장로회 선교사로 내한하여 세브란스의학전문학교에서 세균학과 위생학을 교수했다. 그때부터 일제의 가혹한 식민 지배하게 있던 한국인을 마음으로부터 동정하고, 사랑하였다.

---

[*] 『내한선교사사전』(내한선교사사전 편찬위원회, 한국기독교역사연구소, 2022), 685-7. 프랭크 스코필드 박사의 생애에 관해서는 한국기독교역사연구소의 허락을 얻어 사전의 해당 내용을 가져왔음을 알려드립니다.

1919년 3·1독립운동 첫날부터 사진을 찍고 기록을 남겼을 뿐만 아니라 같은 해 4월 15일에 일어난 제암리교회 방화 학살 사건 현장에도 직접 찾아가 제암리와 수촌리에서 있었던 일제의 만행에 관한 보고서를 남겼다. 4월 17일 제암리교회 사건에 대한 소식을 듣고 18일 자신의 자전거를 가지고 9시 열차 편으로 수원까지 가서 다시 자전거로 사건 현장에 도착하여 사진을 찍고 조사하였으며, 같은 날 오후 수촌리도 방문하여 부상자들을 도와주었다. 이때 작성한 「제암리의 대학살(The Massacre of Chai-Amm-Ni)」이라는 제목의 보고서는 중국 상하이에서 발행되던 영자신문 *The Shang-hai Gazett* 1919년 5월 27일자에 서울주재 익명의 특별통신원(Special Correspondent)이 4월 25일 보내온 기사로 실렸다. 같은 무렵 작성한 「수촌 만행 보고서(Report of the Su-chon Atrocities)」는 비밀리에 해외에 보내져 미국에서 발행되던 장로회 기관지 *Presbyterian Witness* 1919년 7월 26일자에 실렸다. 그 후에도 일제의 비인도적 만행들을 조사하여 영국성서공회 총무 리슨(Ritson)을 거쳐 토론토의 캐나다장로회 해외선교부 총무 암스트롱(A. E. Armstrong) 목사에게 보냈다. 이것은 다시 미국 기독교연합회 동양관계위원회에 보내져 거기서 1919년 7월에 발행한 *The Korean Situation*(『한국의 상황』)에 증거자료로 실렸다. 그가 찍은 사진 필름은 상하이 밀사 정환범(鄭桓範)을 통해 상해임시정부에도 전해져 임시정부 기관지 『독립신문』에 일부가 실리고, 영문 사진첩 *The Korean Independence Movement*(1919)에도 실렸다. 특히 그가 찍은 태형 피해자 사진을 비롯한 일제의 만행 피해자 사진은 서울주재 미국 총영사 베르그홀쯔(Leo Bergholz)에게도 전해져 1919년 7월 17일자 미 국무장관에게 보낸 보고서에 첨부되었다. 1919년 6

월 25일부터 원산에서 개최된 캐나다장로회 한국선교부 연례회의에서는 7월 10일자로 일제의 만행에 대한 항의서를 결의하여 하세가와(長谷川好道) 조선총독에게 보냈다. 1919년 8월 한국선교사 대표로 일본에 건너가 극동의 선교사 800여 명이 모인 자리에서 일본의 만행을 비난하는 연설을 하였고, 하라(原敬) 수상을 비롯한 일본 요인들을 면담하여 일제의 비인도적인 행위를 중단할 것을 촉구한 것으로도 유명하다. 하라 수상은 1919년 8월 29일자 그의 일기에 스코필드를 만난 사실을 기록하였다. 이 회담에 관한 회고는 캐나다에 돌아가 The Globe 1920년 9월 4일자에 실었는데 여기서 그는 "만약(일본) 정부가 동화정책을 고집한다면, 결과는 유혈 혁명이 될 것입니다."라고 경고했다고 한다. 그는 이러한 일로 일제의 미움을 사 항상 감시와 괴롭힘을 당하고 심지어 살해 위협까지 받았다.

한국인을 위한 그의 활동을 캐나다장로회 해외선교부는 1919년도 말 보고서에서 "스코필드 박사는 '이러한 것들이 공개됨으로써 중단되기를 희망하면서' 현재 행정당국에 의하여 저질러지는 악행에 관한 일련의 신문 기사들을 간행하기도 하였다. 이것들은 매우 효과적이라는 것이 입증되었으며, 박사는 고문에 관한 더 많은 정보를 주기 위하여 총독에게 불려갔다. 당연히 고문과 구타와 악행 등을 다루는 기사들을 경찰들이 매우 싫어하였고, 이것은 일본 경찰이 그 필자(스코필드)를 심하게 공격한 것을 설명해 준다. 어떤 사람은 총독이 스코필드 박사를 '교활한 음모자요, 굉장히 위험한 사람'으로 생각하고 있다고 단언했다."고 보고하고 있다. 또한 3·1독립운동 이후 일본의 개혁정책에 대해서도 동화정책을 폐기하고 한국인이 원하는 근본적인 개혁을 해야 한다고 주장하고, 제도를 바꾸는 피상적인 개혁에 대해 일일이 그 근거를 들어 비판하였다. 1919년 11월 무렵부터는 일제가 젊은이들의 도덕적 타락을 조장하기 위하여 실시했던 공창제도에 맞서 강연을 통하여 그 폐해를 역설하고, 한국 청년들이 이런 끔찍한 죄악에 맞서 싸우자고 호소하였다. 그리하여 이듬해 2월에는 최두선(崔斗善)을 단장으로 하는 혁청단(革淸團)을 조직하여 공창폐지운동을 이어가게 했다.

이러한 그의 반일적 태도는 선교부에도 부담으로 작용하게 되어, 1920년 3월에 세브란스 근무 계약 기간이 만료되자 캐나다로 되돌아갈 수밖에 없었다. 그러나 일제의 만행과 한국의 비참한 상황을 여론에 호소함으로써 이를 개혁하고 개선하기 위하여, 일본에서 발행된 영자 신문 *Japan Advertiser*와 캐나다 토론토에서 발행된 *The Globe* 등에 여러 차례 기고하여 일제 고관들의 안일한 한국 상황 인식과 피상적인 개혁을 비판하면서 근본적인 동화정책과 민족차별을 철폐하고, 한국인에 대한 강압과 만행을 중단할 것을 촉구하고 한국의 독립과 자치를 허용하도록 요구했다. 그는 조선총독부나 일본의 고관들에게도 거리낌 없이 찾아가 일제 군경의 비인도적 만행을 규탄 항의하고 개혁을 요구하였다. *Japan Advertiser* 1920년 3월 12~14일 3일간 연재되었던 "한국에서의 개혁"은 마침 국내에서 창간된 동아일보 기자가 번역하여 『동아일보』 1920년 4월 23~29일 "조선통치개량에 대한 외국인의 관찰"이라는 칼럼으로 연재하였다. 그가 일제의 한국에서의 개혁에 대해서 비판적인 글을 *Japan Advertiser*에 연재하자, 한국에서 일본인을 대상으로 선교활동을 하던 친일적 선교사 헤론 스미스(Frank Herron Smith)가 그를 비판하고 일제를 옹호하는 논쟁적인 글을 같은 신문에 발표하였다. 그때 마침 그는 귀국

길에 일본 도쿄에 머물고 있을 때였으므로, 그 기사를 읽고 즉시 "한국: 프랭크 헤론 스미스 목사(Rev. Frank Herron Smith)에 대한 답변"이라는 제목으로 반론을 써서 *Japan Advertiser*에 기고하여 1920년 4월 10일자에 실렸다. 이것도 『동아일보』에서 번역하여 1920년 5월 6, 7일자에 실었다.

캐나다에 돌아가서도 기회가 되는 대로 강연이나 기고를 통하여 한국의 상황을 알리고 일제의 불완전한 개혁을 비판하였다. 『동아일보』1920년 4월 1일자 창간호에 기고한 "조선 발전의 요결"이라는 글에서 한국의 발전에 필요한 조건으로 교육, 근면(노동), 재정(산업), 도덕(정의) 4가지를 들고, 이를 위한 구체적인 실천을 권고하였다. 『동아일보』1926년 9월 17일자에 실린 "조선의 친구여"는 1926년 여름 잠시 한국을 방문하고 캐나다로 돌아가는 길에 쓴 편지로 한국에서 받은 사랑에 감사하며, 한국의 장래에 대해 희망이 있다고 격려하고 있다. 용기를 가지고 교육과 실천에 힘쓰며, 근검 절약하고 도덕을 숭상하라고 권면하면서 한국인에 대한 사랑을 표현하였다. 1926년 크리스마스 무렵에 보낸 "나의 경애하는 조선의 형제여"에서도 "조선은 나의 고향과 같이 생각됩니다."라고 하였으며, 1931년 크리스마스에 보낸 "경애하는 조선 형제에게"라는 공개 편지에서도 "나는 '캐나다인'이라기보다 '조선인'이라고 생각됩니다."라고 고백하였다. 그는 서양인으로서 우월감을 가지고 있던 다른 선교사들과는 달리 그만큼 한국인과 자신을 동일시하면서 한국인을 형제로 생각하고 사랑하였다.

그의 한국에 대한 사랑과 열정은 해방 후에도 식지 않았다. 1945년 8월 한국이 일본의 식민지배에서 해방이 되자 한국의 친지들에게 편지를 보내 축하하고 용기를 북돋아 주었다. 그는 한국전쟁 직후인 1954년 온타리오 수의과대학에서 66세로 은퇴하였고, 1957년에는 부인 앨리스가 별세했다. 그동안 한국 친구들이 수차례 한국에 돌아올 것을 권했으나 건강과 여러 가지 사정으로 응하지 못하다가 마침내 1958년 8월 이승만 대통령의 초청을 받아 국빈으로 한국에 돌아왔다. 그러나 한국의 상황은 자신이 생각했던 것보다 훨씬 심각했다. 전후 복구는 아직 진행 중이었고 수많은 고아와 실업자들이 넘쳐났으며, 게다가 정부는 이승만의 장기집권을 위한 자유당 독재로 민주주의가 제대로 시행되지 못했다. 『조선일보』 1959년 1월 3일자에 기고한 "민심은 공포에 잠겨 있다. 의사당 앞에 무장 경관이라니"라는 글은 국회의사당을 무장 경관들이 포위하고, 국민들에게 언론의 자유가 제한되고 있는 것을 보고 1919년 3·1독립운동 때를 회상하면서 정부를 정면으로 비판한 글이다. 그는 "그래도 1919년에는 이런 글을 쓰기가 어려웠다기보다 위험하였다. 그러면서도 그런 글을 우리는 썼다. 그런 글 덕분에 우리가 자유를 얻었다고 나는 믿는다."고 글을 맺고 있다. 그는 그 후 한국에 머물러 서울대 수의과대학 수의병리학 교수로 있으면서 고아원 두 곳과 직업학교를 지속적으로 돕고, 중고등학생들의 영어성경공부반도 지도하였다. 그러면서 기회 있을 때마다 3·1정신을 이야기하고, 현실사회의 독재와 부정과 악과 거짓을 경계하고 비판하여 정부 당국자들이 그의 서울대 강의를 중단시키기도 하였다. 그러나 이에 조금도 굴하지 않고 한국인의 인권과 민주화를 위해 강연과 언론 기고를 통해 끊임없이 바른 소리를 했다. "의, 용기, 자유의 승리"(『동아일보』 1960.4.28.)와 "내가 본 한국혁명"(『조선일보』 1961.1.8.)은 1960년에 일어난 4·19혁명에 대한 평가와 개혁해야 할 과제를 제시한 글로서 사회 깊숙이 파고들어 있는 부패를 척결하지 않으면 안 된다고 강조하였다. 1961년 5·16 군사정변이 일어나자 '군사혁명'에 대한 지지와 기대를 표명하였다. 이듬해 3·1절에 『동아일보』에 기고한 "3·1운동"에서도 일제에 맨주먹으로 항거하여 자유와 독립을 선언한 3·1독립운동을 "희망은 소생하다"로, 해방 후 이승만 독재를 "배신당한 희망"으로, 4·19혁명 후 장면 정권기를 "희망이 꺼지다"로, 5·16군사정변을 3·1정신을 소유한 이들이 일으킨 "다시 희망 소생"으로 규정하고, 부패와 싸우며 산업화를 계획하고 있는 혁명정부에 협력할 것을 호소하였다. 그러나 군사정권에서도 부패 추문이 일어나고 '군정 4년 연장'과 '출판·집회·언론 자유에 제한' 등의 소식이 들리자 1963년 3월 20일 박정희 의장에게 군정종식과 자유제한의 철회, 정치가의 관대한 처분과 정치 재개를 권고하고, 이에 대한 이후락 공보실장의 회신과 함께 『동아일보』 1963년 3월 23일자에 공개하였다. 이 공개 편지는 군정의 민정전환에 상당한 영향력을 끼쳤던 것으로 보인다. 그는 3·1 독립운동의 산증인이었을 뿐만 아니라, 3·1정신의 전도자였다. 한국에서 거의 해마다 3·1절 기념행사에 참여하고, 언론과 잡지에 3·1 독립운동을 회고하고 3·1정신을 오늘에 이어받을 것을 권고하는 글을 기고하였다.

1960년대 후반에 영자신문인 *Korea Times*에 "현대사조(Thoughts of The Times)" 칼럼을 집필하기도 하였다. 여기에는 종교와 도덕, 과학과 종교, 무신론적 인본주의, 한국의 추석과 영국의 수확제, 예수의 죽음과 어린 초등학생의 자살 등 다양한 사회적 이슈에 대한 자신의 생각을 담았다. 1969년 초부터 해외여행 중 심장성 천식이 발작하여 몇 차례 병원에 입원했다. 그는 병상에서도 한국인들의 장래를 걱정했는데, 『조선일보』에 실린 짤막한 글에서 "1919년 당시의 젊은이와 늙은이들에게 진 커다란 빚을 잊지 마시오.' 이 몇 마디는 내가 오늘의 조선 청년들에게 주고 싶은 말이다. 국민은 불의에 항거해야만 하고 목숨을 버려야만 할 때가 있다. 그럼으로써 일종의 노예 상태에서 해방되고 조금은 광명을 되찾을 수 있는 것이다."라는 말로 군사정권의 장기집권을 위한 삼선 개헌과 재벌 중심의 물질주의의 부패를 보면서 그가 다하지 못한 말들을 함축하였던 것이다. 스코필드는 국립중앙의료원에 입원하여 치료를 받다가 1970년 4월 81세로 별세하였다. 장례는 4월 16일 광복회 주최의 사회장으로 거행되었고 유해는 동작동 국립현충원 애국지사 묘역에 안장되었다. 그의 묘비에는 "캐나다인으로 우리 겨레의 자주 독립을 위하여 생애를 바치신 거룩한 스코필드 박사 여기에 고요히 잠드시다."라고 새겨져 있다. 한국 정부는 1968년 건국훈장 독립장을 수여했다.

2. 편지 해제

본 번역서에는 프랭크 스코필드 박사가 캐나다장로회 선교사로 내한하여 세브란스의학전문학교에서 세균학과 위생학 교수로 부임한지 한 달이 되지 않았던 1916년 12월 30일 캐나다장로회 해외선교부의 앨런 암스트롱(Allen E. Armstrong)에게 받은 편지로부터, 내한 기간 동안 일제의 불의에 맞서다가 캐나다로 되돌아간 후 몇 년이 채 흐르지 않았던 1923년 12월 4일 미상의 발신자로부터 받은 편지까지 모두 37편의 편지가 담겨 있다. 그중에서 24편은 스코필드가 캐나다장로회 해외선교부의 암스트롱이나 맥케이(Robert P. Mackay)와 주고받은 편지이며, 7편은 맥케이가 스코필드 부인(Alice D. Schofield)에게 보낸 편지이다. 그러므로 대다수의 편지는 스코필드를 파송한 캐나다장로회 해외선교부와 스코필드 및 스코필드 부인과의 사이에서 주고받은 내용을 담고 있으며, 나머지 편지들은 스코필드 또는 스코필드 부인이 캐나다 장로교의 의료선교사나 미상의 인물들과 주고받은 내용으로 구성되어 있다.

1917년부터 1920년 사이는 스코필드 박사의 사역이 집중되었던 시기였으나, 선교 초기였던 1917년은 함께 내한하였던 아내가 정신적으로 매우 약해지고 불안정해졌으며 결국에는 함께 내한한지 1년여를 지난 시점에서 그녀 홀로 캐나다로 되돌아가야만 했으며, 귀국한지 얼마 지나지 않아 아들 프랭크를 출산하게 되었던 무척 힘겨운 시기였다. 그러므로 본 번역서에 실려 있는 1918년 2월 8일 편지부터, 스코필드는 스코필드대로 선교지에 홀로 남아 자신에게 맡겨진 고귀한 사역을 수행해 나가야 했으며, 아내 앨리스는 그녀대로 캐나다에서 홀로 아이를 키우며 무척이나 힘든 시간을 보내야만 하였다. 본 번역서에 수록된 스코필드 부인에게 보낸 맥케이의 편지에 담겨진 그의 태도나 관점 — 특히 1919년 12월 13일의 편지 등 — 과는 별도로, 한국 선교를 위하여 자신들의 삶을 희생해야만 했던 두 분을 생각하다보면, 일제의 가혹한 식민 지배 속에서 고난 받던 한국인들을 사랑했던 스코필드의 마음이 더욱 간절하게 다가오며 절로 숙연해지게 된다.

한편 편지를 연대순으로 읽어 내려가다 보면 스코필드의 사역에 대한 캐나다장로회 해외선교부의 방침이 1920년 초부터 갑자기 전환되었음을 발견하게 된다. 1919년 12월까지는 스코필드가 맡은 한국에서의 사역이 극히 중요하기에 어떤 어려움이 있더라도 계속해서 수행해줄 것을 요청하고 있다면, 1920년 1월 22일 편지에서는 갑자기 방침을 바꾸어 아내의 건강을 이유로 급히 귀국할 것을 요청하고 있기 때문이다. 하지만 암스트롱의 편지를 끝까지 읽다보면 아내의 건강은 표면적인 이유일 뿐이며, 실제로는 스코필드의 공적인 발언 등에 의한 정치적인 파급력이 직접적인 영향을 끼쳤음을 알 수 있다. 결국 스코필드는 세브란스와의 계약이 끝나자 더 이상 연장하지 못하고 고국으로 되돌아가야만 했으나, 귀국이 결정된 이후에도 그는 신문 기고 등을 통하여 지속적으로 일제의 만행을 알리고자 했으며, 이는 친일적 선교사인 헤론 스미스(Frank H. Smith)가 자신을 비판하는 글에 대한 반박의 글에서도 잘 나타나고 있다. 본 번역서에서 이 내용은 차후에 스코필드가 암스트롱에게 1921년 8월 2일(추정)에 보낸 편지를 통하여 확인할 수 있다.

마지막으로 1922년에서 1923년 사이의 편지의 내용을 살펴보면, 스코필드가 캐나다로 귀국한 후에도 그가 한국으로 귀환할 수 있는 가능성에 대한 논의가 그 사이에 있었음을 짐작할 수 있게 한다. 특히 동료들이었던 내한 선교사들이 얼마나 스코필드를 필요로 했는지, 그리고 스코필드 역시 얼마나 한국으로의 귀환을 열망했고 한국인들에 대한 지속적인 관심을 가지고 있었는지를 당시의 편지들을 통하여 읽을 수 있다.

번역문

1916년

1916년 12월 30일

스코필드 박사
세브란스 의과대학, 서울, 한국. 일본.

스코필드 박사님께 :

잉그램앤벨 유한회사는 당신을 위해 몽고메리 워드로 상품을 배송했으며, 38.15달러의 운송료를 몽고메리 워드가 지불할 것을 기대했습니다. 비즈니스 세계에서 한 회사가 구매와 상관없는 다른 회사에게 운송료를 지불하기를 기대한다는 것이 저에게는 새로운 일입니다. 확실히 몽고메리 워드가 아니라 당신이나 우리에게 운송료를 위한 보증된 지불금을 갖는 것이 잉그램앤벨의 온당한 사업입니다.

하지만 몽고메리 워드가 그 비용을 지불하였고, 지금 우리에게 그것을 요청하고 있으며, 이 일에 대하여 당신으로부터의 정보가 우리에게 없음에도 불구하고 우리는 그것을 지불하는 것 외에는 다른 방도가 없습니다. 당신이 우리에게 설명해주실 수 있을까요? 그에 관하여 당신이 우리에게 아무 말도 하지 않았기 때문에 당신이 구매가격 안에 운송료가 포함될 것으로 예상했다고 생각하게 됩니다. 만약 그렇다면, 당신은 우리에게 잉그램앤벨로부터 환불을 요청할 수 있는 서신을 보내주셔야 할 것입니다.

만약 그 고지서가 정확하다면 우리가 그것을 어떻게 청구해야 하는지 친절하게 알려주시기 바랍니다. 제가 생각하기에 그 회사로부터 상품을 구입한 것이 실험실 장비를 위하여 친구들이 당신에게 준 금액으로 한 것이므로, 그 금액에서 그것을 지불하면 될까요? 그럴 경우 당신에게 가장 단순한 방법은 재무부의 롭 씨에게 캐나다 장로교회 재무부에 지불할 금액에 해당하는 지급요청서를 우리에게 보내도록 지시하는 것입니다.

안부를 전합니다.
진심을 담아
앨런 암스트롱

1917년

1917년 2월 10일

스코필드 박사
서울, 한국. 일본.

스코필드 박사님께 :

몽고메리 워드 회사의 운임 청구서에 관한 당신의 12월 4일자 편지에 관하여, 당신이 우리에게 보내신 진술서와 그에 관한 문의들을 동봉하여 1월 6일에 그들에게 편지를 썼습니다. 저는 또한 같은 날에 드와이트 데이 씨에게도 그들이 그 용품 케이스에 관해 지불하도록 제안했다고 말했던 13.76달러에 관해서 편지를 썼습니다. 제가 데이 씨에게 받은 편지는 다음과 같습니다:

"한국, 서울, 세브란스 의과대학, 스코필드 박사에게 몽고메리 워드 회사로부터 발송된 청구서에 관한 당신의 1월 6일자 편지에 답합니다. 이 청구서는 324.94달러에 달하는 금액이 몽고메리 워드 회사로부터 우리에게 발송되었으며 12월 12일에 지불되었음을 알려드립니다. 그곳에는 살균 장치에 관한 13.76달러에 대하여 어떠한 항목도 기록되어 있지 않습니다. 그러므로 당신이 몽고메리 워드 회사에 지불할 필요는 없습니다."

"직접 몽고메리 워드와 처리함에 있어서 13.76달러와 1달러의 청구에 약간의 실수가 있었습니다."

몽고메리 워드로부터 그에 관하여 듣지 못하였기에, 저는 1월 23일에 그 문제에 대한 주의를 요청하는 편지를 그들에게 썼고, 2월 7일자로 그들이 보낸 회신을 지금 다음과 같이 받았습니다.

"한국, 서울, 스코필드 박사의 운임 청구서에 관한 1월 23일자 당신의 편지를 수신하였습니다."

"스코필드 박사에게 보낸 운임 청구서는 그분에게 공지하기 위해서입니다. 우리는 또한 뉴욕의 드와이트 데이 씨에게 이 금액에 대한 명세서를 보냈고 같은 비용을 충당하기 위해 324.94달러를 송금받았습니다. 당신이 보시듯이 이는 의심할 바 없는 실수이며 머지않아 데이 씨에 의해 정정될 것으로 기대합니다. 우리는 이 편지가 그 문제에 대하여 해명해 줄 것으로 믿습니다."

저는 해당 부지를 찾고 당신을 위한 집을 짓는 일에 관하여 에비슨 박사로부터 온 근래의 편지의 진술에 관하여 에비슨 박사와 롭 씨에게 편지를 썼습니다. 우리가 이해하기로 현재 거주하고 계시는 적당한 조건의 임대가 2년 내지 3년간 유지될 수 있다면, 고인이 되신 언더우드 박사님의 집에서 계속 계시는 것이 좋을 것 같습니다. 아마도 당신은 제가 에비슨 박사에게 쓴 문제에 대한 진술을 그로부터 듣고 싶어 할 것입니다.

우리는 모두 휴즈 양에 대해서 매우 걱정하고 있습니다. 비록 그녀가 세브란스에서의 일에 적합하지 않을 것을 걱정하는 에비슨 박사 외에는 아무도 뭐라 말하지는 않았지만 말입니다. 이는 당황스러운 정보이지만, 우리는 그녀가 불안이나 향수병이나 현장의 공포와 같은 상황에서 스스로 마음을 가다듬을 것이라고 믿습니다. 롭 씨로부터 전보나 어떤 편지도 일절 오지 않았기 때문에 우리는 그러한 믿음을 가져보고자 합니다. 젊은 여성이 낯선 땅에서 처음으로 있는 것은 매우 도전적인 일이 될 것입니다.

스코필드 부인과 당신에게 안부를 전합니다.
진심을 담아
앨런 암스트롱

1918년

1918년 2월 8일

프랭크 스코필드 박사
서울, 한국. 일본.

스코필드 박사님께 :

당신의 집에 찾아온 고통에 대하여 깊은 연민의 마음을 표합니다. 당신이 우리에게 일어나고 있는 일에 대하여 거의 알지 못할 만큼 당신을 몰두하게 만든 것은 당신의 삶에 주어진 일에 대한 헌신 때문이라고 저는 생각합니다.

이와 같이 어려운 때에 조금이나마 도움이 될 수 있는 위치에 제가 있지 못한다는 것이 매우 안타깝습니다. 당신은 분명 약해지지 않는 힘으로 끊임없이 당신 자신을 북돋우고 있을 것입니다. 그럼에도 불구하고, 당신은 상처받은 마음을 안고 끊임없이 회복의 소식을 구하고 있을 것이라고 생각합니다. 제가 무엇을 할 수 있는지조차도 모르겠지만, 적어도 저는 극히 고통스러운 상황 속에 있는 당신과 당신의 친구들에게 연민과 관심을 보여주기 위해 노력하고자 합니다.

그리어슨 박사의 편지에서 그는 친절하고 동정 어린 태도로 자신의 마음을 전달하며, 그들은 그 일을 심각하게 바라봅니다. 사랑하는 아이가 큰 시련 속에서 안도와 위안을 얻고 당신들 모두에게 은총이 넘치기를 바랍니다. 하나님의 주권에 대한 신앙을 가지는 것이 얼마나 좋은지요. 그로 말미암아 만물이 서로 협력하며, 환란을 통해 새 하늘과 새 땅이 올 것입니다. 그는 땅의 둘레에 앉아계시며, 그분의 영원한 뜻은 실패하지 않을 것입니다. 우리는 매일의 임무를 수행하며, 계속해서 그 시작들을 바라볼 것입니다.

저는 에비슨 박사님을 콘퍼런스 때 뉴욕에서 보았습니다. 그는 좋아 보였으며, 물론 의과 대학만이 아니라 연합대학과 관련된 문제에도 깊이 몰두하고 있습니다. 우리는 토론토에서 금명간에 그를 만나기를 기대합니다. 그와 대화할 수 있는 기회가 저에게는 거의 없었습니다.

윈체스터 씨는 우리가 거의 만날 수 없습니다. 아시다시피 그는 1년 동안 집회로부터 자유로우며 콘퍼런스와 관련하여 이곳저곳으로 다니고 있습니다. 저는 그가 교회와 세상에 그리스도의 임박한 재림을 전하기 위하여 노력하고 있다고 생각합니다.

한국인들과는 잘 지내고 계신지요? 저는 그들로부터 그들이 큰 잠재력을 가진 사람들이라는 것을 매우 강하게 느낍니다. 그들의 본성 속에는 감정의 아름다운 요소가 있는데, 만약 다른 이들처럼 그렇게 거칠고 영속적이지 않다면, 더 좋은 성품으로 발전될 수 있을 것입니다.

이따금 들러서 사역이 진행되는 모습을 볼 수 있다면 얼마나 좋을까요.

우리는 매우 혹독한 겨울을 보내고 있습니다. 지난 50년 사이에 가장 심하다고 합니다. 하지만 지난 50년 동안 어느 때에도 지금과 같이 석탄이 부족한 적은 없었습니다. 불편한 곳에 사는 수많은 사람들과 아이들과 아픈 이들이 있는 곳에서는 고통이 매우 심각할 것입니다. 매주 조금씩 석탄을 제공하여 너무 많이 비축되는 것을 허용하지 않으면서 가능한 많은 이들이 연료를 사용할 수 있도록 당국에서 노력하고 있습니다. 그것조차도 가능한 일인지는 아무도 모릅니다.

하지만 저는 연민의 마음으로 편지를 쓰기 시작했으며 은혜가 더하기를 소망합니다. 그분의 도우심은 결코 실패하지 않을 것입니다.

안부를 전합니다.
진심을 담아
로버트 맥케이

1918년 3월 16일

스코필드 박사
서울, 한국. 일본.

스코필드 박사님께 :

얼마 전 스코필드 부인이 돌아온다는 소식을 듣고 전화를 해서 스코필드 부인을 만나러 갔습니다. 그녀가 집에 없어서 보지는 못했지만 켄트 부부와 즐거운 대화를 나눴습니다. 그들은 미래에 어떤 일이 일어날지에 대하여 다소 불안해했습니다. 켄트 부인은 당신이 캐나다에 돌아가야 하거나, 스코필드 부인이 당신에게 돌아가야만 한다는 자신의 생각을 강조하였습니다. 며칠 후 스코필드 부인이 사무실에 전화를 걸어와서 그녀가 매우 밝고 건강하다는 것을 알게 되어 기뻤습니다.

저는 그녀에게 당신으로부터 캐나다로 돈을 보내야 한다는 인상을 받았고 그녀에게 자금이 없다는 것을 알게 되었습니다. 저는 서머빌 박사에게 당신의 계정에 청구할 50달러를 그녀에게 주도록 요청했고, 당신의 아내에게 그녀의 몫이 얼마인지에 대하여 당신으로부터의 지시사항을 서면으로 요청할 것이며, 마땅히 그녀는 언제나 사무실로부터 송금을 받을 것이라고 말했습니다. 돈을 되돌려 받기 위하여 당신에게 송금할 필요는 없습니다.

저는 이러한 단절이 얼마나 고통스러울지 충분히 이해할 수 있습니다. 당신은 둘 다 젊기에 마땅히 이러한 단절이 너무 오래 지속되어서는 안 됩니다. 인생의 너무 이른 시기에 그러한 단절이 여러 해 동안 계속되어야 한다는 것이 저에게는 인간과 신의 법칙에 어긋나는 것처럼 보입니다. 십중팔구는 두 분 모두 긴 세월이 당신들 앞에 기다리고 있을 것입니다.

일전에 저는 에비슨 박사를 만났는데 그는 당신의 사역의 질에 대하여 최고의 증언을 하였습니다. 그러나 그것이 슬픔을 더하는 것은 그렇게 터가 잘 놓여진 일이 어떻게든 억제되어야만 한다는 것을 우리가 느끼고 있기 때문입니다. 에비슨 박사는 두 대학 모두의 이익을 증진하기 위해 부지런히 일하고 있습니다. 저는 그가 만족스러운 예산과 새로운 영감을 가지고 돌아오기를 바랍니다.

하지만 그러는 동안에 저는 다만, 그 돈에 대한 저의 실행에 대해 당신에게 알리고 미래에 대한 지시사항을 요청하기 위하여 편지를 씁니다. 당신과는 지속적인 서신교환을 하고 있다고 생각합니다.

윈체스터 씨로부터의 소식은 듣고 있습니까? 이번 겨울 동안 그는 여러 지역의 콘퍼런스에 참석하기 위하여 부재하여 한동안 그와 연락할 수 없었습니다. 이번 달부터 그가 집회 활동을 재개하는 것으로 저는 알고 있습니다.

오늘날 우리 모두는 [illegible]의 진보에 가장 깊은 관심을 가지고 지켜보고 있지만, 진보의 결여를 말해야만 할지도 모릅니다. 용기가 식어가고 있지는 않지만, 예전보다 확신이 떨어졌습니다. 전쟁이 적의 승리로 끝나거나, 패배보다는 조금은 나을 것 같은 무승부로 끝난다면, 그 미래는 세상에 무엇을 가져다줄까요? 전능하신 구원자가 계시지만, 그분의 훈계를 깨닫지 못합니다.

잘 지내시기를 바랍니다.

진심을 담아

로버트 맥케이

추신.

위의 글을 쓴 후, 켄트 여사가 전화를 걸어 스코필드 부인이 [illegible] 하다고 보고했습니다. 그러나 그녀는 이러한 [illegible]이 가끔 와서 그녀를 너무 불안하게 하고 자신의 힘이 쇠약해지기 시작한다고 말했습니다. 그녀는 무엇인가를 해야만 한다고 생각하지만, 무엇을 해야 하는지가 문제입니다. 저는 그녀가 있을 수 있을만한 곳을 찾기 위해 노력할 것이지만 현재로서는 매우 어려운 상황입니다. 요양소들이 있지만 비용을 너무 많이 청구하여 그녀가 감당할 수 없는 것은 아닐지 걱정이 됩니다. 하지만 저는 켄트 부인의 진술을 감안할 때 약간의 변화가 필요한 것으로 보인다는 사실을 이른 시일 안에 알려드리고자 합니다. 이와 같은 고통스러운 일을 전하게 되어 유감스럽지만, 우리는 상황에 맞게 대처하도록 노력해야만 합니다. 이후에 나타날 수 있는 어떤 일이든지 가능한 한 빨리 알려 드리도록 하겠습니다. 맥케이.

1918년 4월 6일

스코필드 박사
세브란스 의과대학, 서울, 한국. 일본.

친애하는 스코필드 박사님께 :

일전에 당신의 계좌로 324.94달러가 몽고메리 워드 회사로 지불된 뉴욕의 해외 선교본부로부터의 청구서가 우리에게 왔습니다. 우리는 이것이 기관의 비품에 대한 청구서라고 생각하였으나, 이후에 뉴욕의 재무부로 온 정보를 통해 그것이 개인적인 물품에 관한 것임을 알게 되었습니다. 청구서의 사본을 여기에 첨부합니다. 보시는 바와 같이 이는 매우 큰 거래이며, 이것은 우리가 당신의 복장 수당에 추가로 지불해야 했다는 것을 의미합니다. :

포장과 배송을 위해 롤린슨에게 갈 것들 ·························· 74.75.
시카고로 가는 화물 ··· 35.46.
몽고메리 워드 회사 ·· 324.94.
우리가 기록하지 않은 또 다른 몽고메리 워드 회사의 물품
··· 39.54.

이러한 것들 이외에, 피아노 운임은 당신이 우리에게 지불하였습니다.

당신은 제가 표시한 동봉된 항목, 특히 6,750파운드의 첫 번째 항

목이 어떻게 구성되어 있는지에 대해 설명해 주실 수 있으실까요? 3톤이 훨씬 넘는 물품은 무엇으로 구성되어 있습니까? 당신이 우리에게 주실 수 있는 어떤 정보도 기쁘게 생각합니다. 당신도 우리가 지불해야 할 금액이 매우 크다는 것에 동의하실 것입니다.

물론 저는 운송료가 매우 높다는 것을 알고 있으며, 전시에 인상된 운송 회사의 비용을 당신에게 청구하지는 않을 것입니다.

모든 일이 잘 된다면 7월에 저는 한국에 있기를 소망합니다. 물론 저는 11년 동안 무지하게 말하고 일했던 것에 관한 사역에 대하여 무엇인가 배울 수 있는 저의 방문을 간절하게 고대하고 있습니다. 상황의 변화가 필요하지 않는 한, 저는 6월 20일 "일본"으로 항해할 예정입니다.

안부를 전합니다.
깊은 진심을 담아
앨런 암스트롱

1918년 6월 18일

스코필드 부인
윌로우 거리 107, 바미 비치. 도심지.

스코필드 부인에게 :

당신의 편지를 방금 받았습니다. 건강이 조금씩 좋아지시기를 바랍니다. 저는 재무실의 관례, 곧 매월 송금이 있어야만 하는 것은 그들만이 아니라 당신에게도 만족스러울 것이라고 생각합니다. 만약 어떤 계기로 인하여 어떤 달이 생략되어야 하는 경우, 전화를 거셔서 그들에게 상기시키실 수 있을 것입니다. 하지만 제 생각에는 재무실에서 그런 종류의 실수는 거의 일어나지 않습니다.

선교지의 의사들이 환자들을 돌보는 것은 우리의 소명입니다. 의사들이 거주하는 장소에 대해서는 어떤 규정을 가지고 있지 않습니다. 필요할 경우 추가 의료비용을 충당할 준비가 되어 있는지의 여부에 대한 또 다른 질문이 담긴 당신의 편지는 집행부에 제출하도록 하겠습니다. 저는 당신이 처한 상황에 대하여 중요하게 생각하고 있습니다.

저는 스코필드 박사님으로부터 며칠 전에 소식을 들었는데, 당신은 정기적으로 소식을 듣고 계실 것입니다. 그분의 건강이 많이 좋아지셔서 기쁘며, 건강이 많이 개선되셔서 그의 사역에도 무척 헌신적이십니다. 그의 온 삶이 서울에서의 그의 사역 속에 있는 것 같습니다.

건강이 꾸준히 좋아지실 것을 믿으며, 위기가 지나면 기쁨이 찾아
올 것입니다.

진심을 담아
로버트 맥케이

1918년 6월 20일

스코필드 박사
세브란스 의과대학, 서울, 한국. 일본.

스코필드 박사님께 :

   당신의 편지를 받았습니다. 건강이 이만큼 회복되어서 당신이 그토록 큰 기쁨을 느끼는 중요한 일에 다시 전념할 수 있게 되었다는 소식을 들으니 기쁩니다. 아마 지금쯤이면 당신이 에비슨 박사와 다시 만나고 있거나, 곧 만날 것이며, 그가 격려와 응원을 해주실 것이라고 생각합니다. 지금까지 그의 여행은 그 기독교 대학이 중앙부 건물의 건립을 진행할 수 있을 만큼 성공적이었습니다만, 그것이 당신의 직접적인 관심은 아니지만 전체의 한 부분은 될 것입니다.

   이따금씩 송금과 관련하여 스코필드 부인으로부터 소식을 듣습니다. 그녀는 글을 잘 쓰는 것 같습니다. 최근의 편지에서 그녀는 곧 병원에 갈 것이라는 내용을 알리고 관련된 의료비의 문제를 제기하였습니다. 그녀의 여동생은 한국으로의 귀국에 대하여 추가적인 질문을 하였고, 제가 이해하기로는 그녀의 요청에 따라 그녀의 여동생이 질문을 한 것으로 보입니다. 저는 그녀의 귀국에 대한 생각이 고려할만한 것이 아니라는 것에 당신이 동의하실 것이라고 생각합니다. 우리는 무엇이 최선인지 드러낼 수 있는 미래를 허용해야만 합니다. 한 번의 손길로 족쇄를 깨뜨리시고 갇힌 자를 자유롭게 하실 수 있는 분에게 불가능이란 없습니다.

저는 당신의 건강이 꾸준히 개선되기를 바라며, 과로로부터 자신을 보호할 수 있기를 바랍니다. 이는 또 다른 중단이 없도록 하기 위하여 제가 짐작하는바 당신의 약점입니다.

요전에 저는 윈체스터 씨를 보았습니다. 그는 잘 지내는 것으로 보이며, 스코필드 부인이 캐나다로 돌아온 이후 그녀와 연락할 수 없었던 것에 대하여 후회하고 있었습니다.

총회가 통과되어 당신이 이해하고 계실 것으로 생각하는 포워드 무브먼트가 시작되었으며, 암스트롱 씨가 설명을 해주실 것입니다. 당신이 완전히 파악하기 전까지 그가 도움을 주실 것으로 생각됩니다.

전쟁이 계속되고 있지만 의가 승리할 것이라는 소망이 있습니다. 열방이 "우리가 주님의 산에 오르며 야곱의 하나님의 집에 이르자"라고 말할 날이 올 것이라는 확신을 간직하려면 신앙이 필요합니다. 언젠가는 그렇게 될 것입니다. "모든 민족들이 그에게로 몰려들 것이라." 이것이 불가능해 보인다는 사실이 바로 그것이 이루어질 것을 보장합니다. 그분은 불가능한 일을 이루시는 분입니다. 조용히 헌신하는 당신의 사역이 그날을 앞당기고 있습니다. 그날은 번쩍이는 번개와 같이 갑자기 올 것입니다. 그동안의 인내와 기대는 우리의 태도입니다. 천체의 무한한 움직임은 결코 늦지 않으며 언제나 때에 맞게 일어납니다. 그와 같이 될 것입니다.

지금 당신이 캐나다를 본다면 기쁠 것입니다. 작물들은 놀라울 만큼 잘될 것 같으며 시골 지역은 최상의 상태입니다. 해가 더 하면 할수록 더욱 아름다워지는 것 같습니다. 중국으로부터 온 편지들도 비슷한 상황을 보고합니다. 선교사들은 중국에서 이와 같은 작물을 본 적이 없다면서 물결치는 곡식밭을 바라보며 시적이 됩니다. 한국과 일본이 똑같이 희망적이기를 바랍니다. 세상 참 좋습니다! 두 눈을 사로잡는 것보다 그것의 가능성들과 영적인 것이 더욱 풍성하고 아름다울 수 있습니다. 전쟁 중에도 굶주림은 가장 견디기 힘든 것 같습니다.

가능한 한 조심스럽게 나아가시기를 바라며, 당신이 섬기고자 하는 그분의 임재를 끊임없이 의식하시기를 바랍니다.

진심을 담아
로버트 맥케이

1918년 11월 18일

스코필드 부인
윌로우 거리 107, 도심지.

스코필드 부인에게 :

요전의 집행부 회의에서 저는 당신의 병과 125달러에 대한 비용을 보고하였습니다. 당신이 킹 양에게 주신 진술서에 제가 드린 10달러를 포함시켰는데, 이는 빌려드린 것이 아니라 즉각적인 구제를 위한 선물이었습니다.

집행부는 연민을 느끼면서도 일상적인 예산에 포함되지 않은 부분에 대해서는 스스로 책임을 감당할 수 없다고 느낍니다. 하지만 그들은 당신의 비용으로 100달러를 성심으로 지원하기로 결정하였습니다. 이것이 약간의 도움이 될 것이며, 건강이 온전히 회복되어 추가적인 의료비용이 더 들지 않기를 희망합니다.

저는 당신의 상황이 어렵다는 것을 잘 알고 있지만, 현재로서는 스코필드 박사에 의해 주어지는 수당과 자녀당 주어지는 일반 수당 안에서 생활하기 위해 애쓰는 것 외에는 마땅한 방법이 보이지 않습니다.

아이가 무럭무럭 자랄 것을 믿으며 당신이 잘 지내시기를 바랍니다.

진심을 담아
로버트 맥케이

1918년 12월 3일

스코필드 부인
퀸 동부 거리 2294, 토론토.

스코필드 부인에게 :

11월 1일부터 당신의 매월 수당이 40달러이며 마지막 송금에 포함되지 않은 7달러를 요청한다는 보고를 받았습니다.

재무부는 인가 없는 지불은 즉각적으로 거절하고 있습니다. 스코필드 박사님은 우리에게 편지를 쓰지 않았고 당신이 말씀하셨듯이 그것이 괜찮다고 저도 확신하지만, 그럼에도 불구하고 재무부는 마땅히 주의를 기울여야 하며 적절한 권한을 요구합니다. 저의 생각에 그 편지를 보내시거나, 아니면 스코필드 박사에게서 받은 편지의 발췌문을 보내셔서, 그의 권한을 부여한다면 충분하리라고 생각합니다. 그와 같은 방식으로 생각하는 것은 간과하기 쉽지만, 그것이 얼마나 중요한 일이라는 것을 아실 것입니다.

아기가 매우 잘 자라고 있다는 소식을 들어서 매우 기쁘며, 염려할 필요가 없을 만큼 건강하게 자라가기를 바랍니다.

저는 제한된 수입으로 고립된 삶이 요구되는 당신의 상황에 깊이 공감합니다. 스코필드 박사님은 과묵하신 분이라서 그런 상황에 대하여 우리는 전혀 알지 못하였습니다. 무엇을 해야 하는지 그와 상의하는 것이 가능할 수 있게 되기를 진심으로 바랍니다. 암스트롱 씨는 머지않아 돌아올 것이며, 저는 어떤 해결책을 찾을 수 있기를 바랍니다. 그는 서울에서의 모든 상황에 대하여 분명히 이야기했을 것입니다.

진심을 담아
로버트 맥케이

1919년

1919년 1월 11일

스코필드 부인
퀸 동부 거리 2294, 토론토.

스코필드 부인에게 :

당신의 12월 22일자 편지를 받았음을 알리는 데 있어서 과도한 지연이 있지 않았나 하는 걱정이 있습니다. 하루하루가 당신에게 어떤 의미인지 알기 때문에 송구스러운 마음입니다. 당신의 급여를 조정하기 위한 절차를 거절함에 있어서 서머빌 박사의 생각을 잘못 이해하신 것으로 보입니다. 이것은 개인적인 문제가 전혀 아니라는 것을 기억해 주시기 바랍니다. 이는 회계 감사관들의 문제입니다. 회계 감사관들은 매주 방문하며 그들에게는 모든 지출에 대한 회계 증표가 반드시 있어야만 합니다. 그들이 당신에게 대했던 것과 정확히 동일한 방식으로 저를 대할 것입니다. 11월 1일부터 매월 40달러의 비율로 당신에게 지급하도록 서머빌 박사에게 제가 요청하였으므로, 이는 지체 없이 조정될 것입니다.

당신이 정기적으로 소식을 듣고 있으며 한국에서의 일들이 잘되기를 바랍니다. 작은 소녀가 이렇게 잘 자라고 있다는 것을 알게 되어 매우 기쁩니다. 당신이 보내신 작은 사진은 아름답습니다.

오늘 밤에 뉴욕으로 떠나야 하기에 급히 쓰며, 뒤처진 것들을 따라잡기 위해 애쓰고 있습니다.

그 자체로 영감을 주시는 박사님의 애정 어린 메모가 동봉되어 있으니 보시기 바랍니다.

안부를 전합니다.

진심을 담아

로버트 맥케이

1919년 5월 8일

스코필드 부인
윌로우 거리 191, 도심지.

스코필드 부인에게 :

지난주에 해외선교본부는 한국에 있는 선교사들에게 급여의 25%
즉 300달러의 추가 급여를 전쟁보너스로 수여하기로 결의를 하였습
니다. 이는 2년 동안의 기간에 해당되며, 그 이후에 상황이 정상화
되면 지금으로서는 제가 예측할 수 없는 일부 재조정이 있을 것입니
다. 그동안 이는 일시적인 위안을 줄 것입니다.

1919년 1월 1일부터 보너스가 지급되기 때문에, 저는 스코필드 박
사님으로부터의 연락을 기다리지 않고 75달러에 해당되는 돈을 당
신에게 보내드립니다. 스코필드 박사님과 당신 사이에서 이루어질
수 있는 협의는 추후에 분배가 조정될 수 있습니다.

아기가 잘 지내기를 바랍니다. 아기와 당신의 안위를 위하여 몇
달 동안 시골에 가서 계시는 것이 가능하기를 바랍니다.

암스트롱 씨는 스코필드 박사가 하시는 훌륭한 사역을 보고하면
서, 그가 언어를 얼마나 완벽하게 습득하였으며, 중국인들을 다루
는 데 있어서 성공적인지를 말합니다. 훌륭한 선교사가 되는 일은
매우 귀중한 일입니다.

이별은 고통스러우며 얼마나 많은 이들이 그로 인하여 오늘날 고
통 받고 있는지 모릅니다. 프랑스의 선교사들의 아내들로부터 오는

편지들은 가슴이 아프지만, 그들은 나라와 정의를 위해 유익한 일이
라는 것을 알기에 영웅적입니다.

　당신이 잘 지내실 것으로 믿으며, 이와 같은 위안을 드릴 수 있게
되어 기쁩니다.

　진심을 담아
　로버트 맥케이

1919년 8월 7일

스코필드 부인
포트 스탠튼, 스패로 호수, 온타리오.

스코필드 부인에게 :

저는 다른 사람의 돈을 그의 허락 없이 처리하는 것을 전혀 좋아하지 않기 때문에, 스코필드 박사로부터의 어떤 전갈이 왔기를 기대했습니다. 다른 한편으로 저는 당신이 혼란스러워하는 것과 재무부에 전쟁 보너스로 75달러를 요청한 것에 대하여 걱정이 됩니다.

저는 제가 이 일을 했음을 그에게 알리기 위하여 다시 한 번 스코필드 박사에게 편지를 쓸 것입니다. 최소한 그 문제에 대하여 그가 어떤 생각을 가지고 있는지에 대하여 알려주셔야 한다고 생각합니다.

당신과 아기가 시골에 있는 것이 더욱 좋기를 바랍니다. 당신이 그럴 것이라고 확신합니다. 어린아이들에게 특히 힘든 제법 따뜻한 날씨가 이어지고 있습니다.

안부를 전합니다.
진심을 담아
로버트 맥케이

1919년 8월 7일

스코필드 박사
서울, 한국. 일본.

스코필드 박사님께 :

저는 꽤 오래전에 우리가 스코필드 부인에게 전쟁 보너스로 허용된 금액 중 75달러를 드렸다고 알려드리는 편지를 썼습니다. 저는 당신의 승인을 얻기를 기대했지만 연락은 오지 않았습니다.

스코필드 부인은 또다시 자신의 소득으로 그녀 자신과 아기의 삶을 유지할 수 없다고 보고하면서 75달러를 추가로 요청하였습니다. 이것은 거의 2주 전의 일이었습니다. 그녀는 지금 스패로 호수의 포트 스탠튼에 있으며, 저는 다시 실례를 무릅쓰고 당신의 허용액에 따라 그녀의 정기 수입에 추가하여 전쟁 보너스 중에서 75달러를 송금하고자 합니다. 저는 그녀의 허락으로 이러한 일을 하는 것이 매우 싫습니다.[1] 다른 한편으로는 곤경에 처한 사람의 간청을 거절하는 것이 무척 어렵습니다.

스코필드 부인은 잘 지내는 것으로 보이며 아기는 아름답게 자라고 있습니다. 그녀의 건강이 온전히 회복되고 밝은 미래가 있다고 생각하면 기쁠 것입니다.

하지만 저는 당신의 허락 없이는 더 이상 이런 종류의 기여는 거

---

1 문맥상으로나, 원문에서의 고침을 따라, without이 아니라 with로 보고 번역함. (역자)

부할 것이라고 생각합니다. 이것이 당신의 승인을 충족하지 못하더라도, 다음 지불금에서 손쉽게 조정될 수 있습니다.

어제 에비슨 박사로부터 한국의 상황을 조사하기 위하여 일본으로부터 파견된 대표단의 보고서 사본을 받고 기뻤습니다. 그 안에는 많은 약속이 있습니다.

암스트롱 씨는 몇 주 동안 B.C.에 있었으며, 이번 주에 돌아올 것입니다. 그가 일본 정책의 변화를 약속하는 조치가 취해진 것을 보면 감사할 것입니다. 당신은 일본의 잔혹 행위에 대한 보고와 이를 통한 한국의 안위에 매우 중요한 기여를 하였습니다.

당신이 잘 지내시며, 말할 필요도 없이 사역을 즐기고 계시기를 바랍니다.

진심을 담아
로버트 맥케이

1919년 8월 9일

스코필드 부인
포트 스탠튼, 온타리오.

스코필드 부인에게 :

당신의 편지를 방금 받았으며, 지금쯤이면 전쟁 보너스로 75달러가 동봉된 저의 편지를 당신도 받았을 것입니다. 이와 같은 방식으로 일하는 것이 어렵다고 제가 말한 편지의 내용을 다시 반복할 필요는 없을 것입니다. 동시에 저는 당신의 어려운 상황에 대하여 진심으로 공감하고 있습니다.

스코필드 박사님은 한국에 계신 최고의 선교사들 중 한 분이며, 그의 사역이 중단되어야 한다는 것은 극히 유감스러운 일입니다. 하지만 그는 이 소중한 일을 포기하고 캐나다로 돌아가야 할 필요가 있을지도 모릅니다.

모든 일에 있어서 모든 문제를 해결하기 위하여 우리는 하나님의 인도하심을 구해야 할 것입니다.

진심을 담아
로버트 맥케이

1919년 9월 21일

친애하는 맥케이 박사님 :

아내에게 필요하다고 생각되는 75불을 아내에게 주셔서 감사합니다. [illegible] 급여로도 캐나다에서 생활하는 것은 꽤 힘들 것으로 예상하며, 교도소가 맞수로 생각될 수 있을 정도입니다. 이곳의 [illegible] 이후로 현지 물가도 많이 올랐습니다. 한국인들이 비록 정부로부터 얻은 것은 아무것도 없지만, 아직 [illegible] 하는 것보다 [illegible]를 준비하고 있으며, 응집력이 만들어질 것이라는 점은 좋은 징조입니다.

도쿄에서 저는 선교사 대회에서 발언하고 많은 유력한 일본인들을 만나면서 시간을 보냈습니다. 저는 용기를 얻기도 하고 좌절하기도 하였습니다. [illegible]는 저에게 투표하는 추종자들이 [illegible] 시작의 추종자가 될 것이라고 [illegible] 말했습니다. 친절함에 의한 우리의 시작은 [illegible]였습니다. 긴 사명들에 그들을 붙잡아 두는 것은 유혈 혁명으로 끝날 것입니다.

저는 제가 오래전부터 출판하고 싶었던 현재 한국의 해방에 관한 책을 저술하였습니다.

저와 저의 아내에 대한 당신의 모든 관심에 감사를 드립니다. 사랑과 친절은 사역 중에 있는 모두에게 알려진 당신의 성품입니다.

진심을 담아
프랭크 스코필드

1919년 10월 25일

스코필드 박사
세브란스 의과대학. 서울, 한국.

스코필드 박사님께 :

9월 18일에 에비슨 박사께서 보낸 편지에서 당신이 아직 일본에 있으며 아프다는 말을 하셨기 때문에, 한국이나 일본 중에서 어디로 편지를 보내야 할지 모르겠습니다. 조선의 대표로서 도쿄에서 매우 훌륭한 일을 하신 후에 당신이 회복하셨고 한국으로 돌아가셨기를 바랍니다. 에비슨 박사는 저에게 그에 관하여 한 단락을 쓰실 만큼 만족스러워하셨습니다.

신 교장은 어제 밴쿠버로 가는 길에 토론토에서 보냈습니다. 제 생각에는, 이 편지가 도착할 즈음에 서울에 도착할 것입니다. 저는 그와 유쾌한 시간을 보냈으며, 그는 한국 미래의 안녕에 대하여 매우 낙관적이며 믿음으로 충만합니다. 그는 새 정부가 약속한 조치들과 관련된, 제가 가지고 있던 서울 프레스의 총독 선언문과 다른 글들을 읽는 데 매우 관심이 많았습니다. 우리는 모두 그러한 개혁들의 실행과 그것이 한국인들에게 미치는 영향을 간절하게 기다릴 것입니다.

월드 S.S. 컨벤션에 관한 당신의 발언들을 참조하여, 저는 프랭크 브라운 사무총장에게 그 기사와 우리의 논평을 보냈습니다. 저는 W.S.S. 협회의 집행부 일원으로서, 그 일에 매우 큰 관심을 가지고 있으며, 집행부 회의에 참석하기 위하여 다음 주에 뉴욕으로 갈 것입니다.

당신이 저보다 더 잘 아실 테지만, 그 문제에 관한 당신의 염려에는 공감하지 않습니다. 대회는 매우 유익한 영향을 미칠 것으로 생각되며, 참석하는 많은 사람들이 그 상황에 대한 충분한 정보를 얻어서 가장 가치 있는 것을 배울 수 있을 것입니다. 큰 무리가 한국으로 갈 수 있도록 특별한 노력을 기울일 것입니다.

당신이 이미 내년의 항해를 생각하고 계실 것으로 생각합니다.

안부를 전합니다.

진심을 담아

앨런 암스트롱

1919년 12월 1일

방금 저는 뉴저지에서 출판되는 책을 썼으며, [illegible] 한 부를 갖게 될 것입니다. 서울, 한국.

사진을 인화할 때 어떤 소녀의 이름도 사용하지 마시기 바랍니다.

미 씨에게 :

그 이야기의 나머지 부분을 보내며, 당신이 이를 편집하여 그 어린이 잡지에 출판했으면 좋겠습니다. 저는 이곳 한국에서 그 잡지를 받습니다. 하나님만이 이 불쌍한 사람들이 어떤 고통을 겪고 있다는 것을 아십니다. 저는 아직 어떤 폭력 행위를 본 적은 없는데, 이는 나라 안에서는 있었지만 서울에서는 없었기 때문입니다.

어제 대한민국 만세를 외치는 또 다른 시위가 있었으며, [신호]를 기다리는 기마경찰들 사이를 오가는 여학생들의 용기에 존경하지 않을 수가 없었습니다. [illegible] 강제로 끌려가는 이들에게는 지옥과 같습니다. 간첩 색출 – 고문 – 수감 – [보는] 책들의 몰수, [경의를 표하는] – 새로운 국가 언어 – [발차기] – [때리기], 질질 끌기와 감옥. 이는 (일본의) 국기가 적절한 경우에 걸려 있지 않기 때문입니다. 외무부를 모두 알고 있으며, [illegible]. 저는 그들을 사랑하며, 당신이 그들의 용감한 마음을 알았다면 당신도 그렇게 되었을 것입니다. 저는 [illegible]의 [illegible]에게 사진 속의 소녀들 중의 한 소녀에 대하여 이야기하고 있었습니다. [illegible] 사진 속의 세 소녀는 무척 재능이 있는 소녀들입니다. 왼편에 있는 소녀는 교육을 받기 위하여 남자 옷을 입고 가출하였고 남자아이로서 공부하였습니다.

일본인들은 한국인들을 증오하므로 그들은 결코 한국을 다스릴 수 없을 것입니다. 정의와 증오를 동시에 가지고 다스리는 것은 불가능한 것입니다.

저는 한국에서 잔혹 행위를 저지른 이들이 재판을 받을 것이라는 많은 이들을 향한 선언에서부터 [illegible] 하라가 관심을 가질만한 몇 가지를 당신에게 보냅니다. 그것은 시행되지 않았으며, 그들은 이를 시행할 의도를 가지고 있습니다. [illegible].

[illegible]는 끔찍한 고통을 겪었으며, 그들은 한 장소에서 무서운 제지를 받았습니다. [illegible] 경찰은 아무 잘못도 하지 않은 이들을 데려갔으며, [illegible] ([illegible]), 그들보다 먼저 [illegible] 그리스도의 땅에서 십자가에서 고난을 당하는 것이 그들에게는 좋았을 것이라고 말하였습니다.

[illegible] 1920년의 봄이기를 희망합니다.

외무부는 모든 정보를 가지고 있습니다.

저에게 알려 주시기 바라며, 당신이 하실 수 있는 일을 하시기 바랍니다.

진심을 담아
프랭크 스코필드

추신.

필요하신 경우에는 저의 이름을 사용하셔도 괜찮습니다.

약 35,000달러 상당의 토착 교회들이 파괴되었습니다.

1919년 12월 6일

스코필드 박사
서울, 한국.

스코필드 박사님께 :

  며칠 전에 받은 당신의 9월 21일자 편지에 대한 답신입니다. 저는 한국의 상황과 관련하여 당신이 보여준 에너지와 열정에 상당한 관심이 있습니다. 그것은 힘들지만 결실을 맺지 않을 수 없습니다. 그것은 당신이 생각하는 것보다 더 많은 한국인들을 격려했고, 또한 일본인들이 그들의 행정부에서 저지르고 있는 심각한 실수를 느끼게 하는 데 도움이 되고 있습니다. 책이 나오면 관심을 가지고 읽어볼 것입니다.

  한동안 스코필드 부인을 보지 못하였습니다. 상황은 다소 난처해졌습니다. 더 많은 돈을 요구하는 탄원서가 여러 번 제출되었으며, 우리는 이 돈을 제공할 수 있는 위치에 있지 않았고, 당신의 권한도 우리 손에 없었습니다. 조정 결과가 두 분 모두에게 만족스럽기를 바랍니다. 물론, 이곳의 재무부는 당신의 권한 없이는 아무리 우리가 그렇게 하기를 원한다고 하더라도 이의 제기에 답할 수 없습니다. 저는 당신에게 얼마나 더 큰 압력이 가해져야만 하는지 알고 있습니다. 그것은 세계적인 현상입니다. 한 예로, 저는 6.55달러[2]에

---

2 문맥상 65.50달러일 수 없으므로, 6.55달러로 보고 번역함.

팔렸던 바지 한 벌의 가격이 얼마인지 어제 물어보았고, 현재의 가격은 17달러라고 합니다. 일전에 호난 선교부의 회계 담당자는 금 1만 달러의 어음을 은 9432.19달러에 팔았다고 썼으므로, 은이 금보다 더 비쌉니다. 이것이 둘을 하나로 받았던 선교사들에게는 감사할만한 일이지만, 선교사들이 하나로 둘을 얻기 위해 보증해 주고 그 차액을 감당해야 하는 선교부에게도 감사해야 할 것입니다.[3]

만약 포워드 무브먼트가 성공하지 못한다면 우리는 깊은 물에 빠진 것과 같습니다. 우리는 과거에 깊은 물속에 있었으나, 필요할 때마다 은혜가 넘쳤습니다. 그러므로 항상 그래왔듯이 기뻐합시다.

저는 당신의 선한 사역에 감사하며 구름이 걷히고 밝은 날이 올 것이라는 믿음으로 서둘러 한두 자 적습니다.

진심을 담아

로버트 맥케이

---

3 하나는 금, 둘은 은을 지칭하는 것으로 보이나, 원문의 느낌을 살리기 위해 하나와 둘로 번역함.

1919년 12월 13일

스코필드 부인
스카보로 길 16, 도심지.

스코필드 부인에게 :

제가 목요일에 전화를 드렸으나 당신을 뵐 수 없어서 제가 말씀드리고자 하는 것을 서신을 통하여 감히 말씀드리고자 합니다. 저는 당신이 처한 상황을 이해하고 있으며 그 모든 것의 외로움과 고통이 무엇인지 깊이 공감하고 있습니다.

저는 당신이 놓치고 있는 훌륭한 기회를 느끼지 않을 수가 없습니다. 제가 이해하기로 당신은 뛰어난 음악적 재능과 밝고 매력적인 성격을 가지고 있으며 꽤 좋은 교육을 받았으며 그들에게 주어지는 어떤 도움이라도 받을 준비가 되어 있는 사람들이 사는 한국에 있었습니다. 만약 당신과 스코필드 박사님이 한마음으로 그 사역에 당신들의 전심을 쏟았다면, 당신은 누구나 부러워할 만한 기록을 남길 수도 있었을 것입니다. 그와 비교하자면 집에서 할 수 있는 어떤 일도 그에 비견할 수 없을 테지만, 기회는 사라졌습니다. 이를 회복하기에 너무 늦은 것은 아니지만, 그것은 적어도 당신의 측면에서 삶과 의무에 대한 새로운 관점에 의한 것이어야만 합니다. 스코필드 박사는 대단한 선교사이며 훌륭한 사역을 하고 있습니다. 지금 그가 한국인들을 위하여 하는 일보다 더 훌륭한 일은 어떤 이도 할 수 없을 것입니다.

당신이 매우 아프다고 그에게 보낸 당신의 편지가 그를 산만하게 하였습니다. 그는 여전히 당신에게 충실하지만, 그가 하고 있는 일은 너무나 훌륭하고 긴급한 것이라서 어떤 일상적인 부름도 그를 데려갈 수 없다고 느낍니다. 따라서 그는 당신의 건강에 대한 보고를 요청했는데, 이는 그가 해외 선교부를 섬기는 자로서 선교부의 허가 없이는 귀국할 권리가 없으며, 그러한 허가는 적절한 진단서가 있어야만 하기 때문입니다. 그러한 물음들은 아주 건강한 적이 없었던 당신이 평소의 건강 상태에 있다는 인상을 줄 수 있었기 때문에, 그는 돌아오는 것이 정당하지 않다고 느낍니다.

아마도 말씀드려야 할 것이 한 가지 더 있습니다. 한국으로부터 온 모든 보고들에는 당신이 그곳에 계셨을 때 불가능한 조건이 존재했다는 인상을 주었습니다. 당신은 함께 살 수가 없었습니다. 그 의사의 삶은 크게 좌절되었고, 다른 이들과 같이 그 자신도 당신이 따로 사는 것이 낫다고 느꼈습니다. 에비슨 박사와 다른 이들은 그 점에 대하여 같은 생각을 하였습니다. 그래서 당신은 돌아왔습니다. 만약 그가 집으로 돌아온다면 지금 어떤 희망이 있으며, 상황이 더 나아질 수 있을까요? 그와 같이 그리스도에 대한 깊은 충성과 임무에 대한 높은 이상들을 가진 사람은 훌륭한 삶의 과업의 특권을 쉽게 포기할 준비가 되어 있지 않습니다. 제가 이미 말씀드렸듯이 유일한 해결책은 새로운 태도, 곧 당신의 측면에서 삶과 의무에 대한 새로운 관점을 갖는 것에 놓여있다는 것이 분명하지 않습니까? 그 해결책은 예수 그리스도 안에서, 그분 안에서만 발견됩니다. 그는 길이요 진리요 생명입니다.

제가 이러한 일들을 솔직하게 쓰는 것은, 제가 당신에게 상당한 관심을 가지고, 옳든 그르든 당신이 그 의사와 해외선교본부 모두를 이용하려고 한다는 모종의 느낌이 있기 때문입니다. 저는 당신이 그러한 방식으로 일이 될 수 없다는 것을 확실히 느끼셨으면 합니다. 또 다른 더 나은 방법이 있습니다.

과거에 어떤 불행한 일이 있었더라도 올바른 방법으로 수행할 수 있고 더 나은 방법이 우리 모두의 손이 닿는 곳에 있다면, 바르게 될 수 있습니다. 저는 이와 같은 글을 쓰는 것을 싫어하지만, 누군가 정직하게 말해야만 하고 당신에게 상황을 정확하게 알려야 할 때가 왔다는 것을 느낍니다.

얼마 전에 윈체스터 씨는 저에게 당신과의 연락을 시도했지만 실패했다고 말해주었습니다. 물론 일부 또는 전체와의 인터뷰를 거부하는 것은 당신의 특권이지만, 그것은 당신이나 그에게나 유리한 일이 아닐 것입니다.

아기가 잘 자라고 있으며 당신이 그에게 최고의 약인 야외 운동을 시켜줄 수 있다는 것을 알게 되어 기뻤습니다.

당신이 이러한 내용을 진심으로 받아들일 수 있을 것이라고 믿습니다.

신실한 마음을 담아

1919년 12월 16일

밥에게 :

[illegible], 근래에 얼마나 많은 걱정을 했는지 모릅니다. 앨리에게
서 전보가 와서 집으로 [와야] 한다고 했는데 다시 연락을 해도 대답
이 없습니다. 그때 '무리'가 이곳에 [illegible] 왔고, 그 일본 신문들은
지독한 중상모략을 보여주었습니다. 저는 한국에서 [주동적인] [선
동자]로 여겨졌습니다. 스코필드 [씨]는 [illegible] 한국에서의 독립
시위를 변화시키는 [illegible] [우리가] [도울] [illegible] [수 있는] 가
장 [illegible]한 사람이다. 이것은 큰 표제이며 저의 [illegible]가 아니
고 [illegible]입니다. 모두가 "그 탑의 큰 만행"을 주장했습니다. 저는
총독을 [illegible] 불렀지만, 그는 모든 것을 부인했습니다. 그는 저
에게 가장 친절했습니다. 누가 배후에 있었는지 저는 알 것 같습
니다. 최근에 그들의 고문 행위들을 폭로했기 때문에, 그들(경찰)은
저에게 [죄]와 같이 [illegible]. 하지만 저는 기도했고, [이/이것들에
대해] 기도했으며, [주님은] 일들을 올바르게 [일깨워 주셨습니다.]
그 [거지들]은 [저]를 잡았다고 생각했습니다. 이곳에서 경찰의 손아
귀에 있는 자들이 저는 불쌍합니다. 아무튼, 앨리는 어떻습니까? 저
는 걱정이 됩니다. [육체의] [일]이 여기에 너무 많습니다. [세브란
스]에서의 저의 모든 일을 그만두고 [즐거운] [활동]에 [illegible] 참
여하고 싶습니다. [한] 사람이 [악]과 싸우는 일에는 그의 모든 시간
이 들 것입니다.

이만 줄이겠습니다. [illegible]

당신과 당신의 사랑스러운 형제들에게 안부를 전합니다.
스코필드

1919년 12월 23일

스코필드 박사
세브란스 의과대학. 서울, 한국. 일본.

스코필드 박사님께 :

12월 8일에 맥케이 박사님이 당신이 11월 5일에 보내신 편지를 받았습니다. 그와 드프리스 박사는 당신의 아내를 만나기 위해 여행을 떠났지만 그녀를 보지 못하였습니다.

하지만 그들은 당신의 아내가 머무는 집의 아주머니로부터 필요한 정보를 얻었으며, 이에 따라 당신에게 다음과 같은 전보를 보냈습니다. 12월 12일, "앨리스는 평소와 같이 건강함."

의심할 바 없이, 드프리스 박사는 그 일에 대하여 당신에게 편지를 보낼 것이지만, 우리의 의견은 당신 아내의 건강이 평소와 같이 좋으며 아이도 잘 지내기 때문에 한국에 머무는 일에 대하여 당신이 주저할 필요가 없다는 것입니다.

우리가 듣기로 그녀는 거의 매일 그를 데리고 나갑니다. 맥케이 박사는 스코필드 부인에게 편지를 쓸 것이며, 이는 당신이 정식적인 휴가 기간이 될 때까지 그녀를 진정시키고 당신을 한국에 머물게 하는 것을 그녀가 받아들이는 효과가 있을 것으로 기대합니다.

그 책의 인쇄를 맡은 '출판사'를 제가 찾아낼 수 있기를 바랍니다.

안부를 전합니다.

진심을 담아

앨런 암스트롱

1919년 12월 27일

스코필드 박사
세브란스 의과대학. 서울, 한국. 일본.

스코필드 박사님께 :

당신의 전보문, "윌 스코필드에 관한 전보"가 12월 22일에 도착했습니다. 만약 윌이 그 아기의 가운데 이름이 아니라면, 우리는 이것이 무슨 의미인지 이해하지 못합니다. 드프리스 박사는 아기가 프랭크로 불렸다고 말하면서, 아마도 전보문의 '윌'이라는 단어는 전송상의 오류이며 '앨리'라고 읽어야만 한다고 제안합니다.

우리의 답신문인 "앨리는 평소와 같이 건강함"을 12월 12일에 보냈는데, 우리가 이달 22일에 받은 전보를 당신이 보냈어야 하기 이전에 그것이 당신에게 도착했어야만 합니다. 만약 드프리스 박사의 추측이 맞아서 당신의 두 번째 전보문을 "앨리 스코필드에 관한 전보"로 읽어야만 한다면 (비록 우리는 드프리스 박사의 추측이 틀렸다고 생각하지만), 어쨌든 우리가 이해하지 못하므로 전보를 다시 보내야만 했거나, 만약 당신이 우리의 첫 번째 전보를 받았다면 그것은 영어이므로 당신이 즉시 그것을 받았어야만 합니다. 우리에게 그것이 다시 보고되지는 않았기에 우리는 그것이 언젠가는 전달되었다고 생각합니다. 전보가 목적지에 도달하는 데 얼마나 걸리는지 우리가 알 수 있도록 당신이 그것을 받은 날짜를 우리에게 알려주시기 바랍니다.

만약 아기가 아팠다면 우리의 첫 번째 전보문에서 그렇게 말했을 것이며 당신도 그렇게 추정했을 것입니다. 캔트 부인이 알려준 사실은 당신의 아내와 아기 모두 잘 지내고 있으며, 특히 아기는 매우 잘 지내고 있다는 것입니다. 저의 12월 23일 편지에서 말했듯이, 그들에 관해서 당신이 걱정할만한 것이나, 당신이 돌아오기로 계획했던 시간 이전에 집으로 올 만한 일은 없습니다. 저는 우리가 더 이상의 할 수 있는 말을 알지 못하며, 우리가 두 번째 전보에 대답하지 않은 것은 무엇이라 말할지 알지 못했기 때문이지, 우리가 전보를 두 번 보냈어야만 했기 때문은 아닙니다. 우리는 당신에게 필요한 정보를 제공하기 위해 우리가 할 수 있는 모든 일을 하는 것을 진정으로 기쁘게 생각하지만, 두 번째 전보문은 단지 첫 번째 것의 반복일 수밖에 없었습니다.

다음 주 아이오와의 디모인에서 500명의 캐나다 학생들, 아마도 그중의 3분의 1은 장로교인인 학생들이 학생 자원봉사자 대회에 참여할 것입니다. 이는 우리 대학의 장로교 학생들에게 우리의 포워드 무브먼트 프로그램을 경험하게 할 수 있는 훌륭한 기회를 우리에게 제공해 줄 것입니다. 우리는 그것을 위해 토요일 오후 내내 있으면서 기회를 최대한 활용할 것이며, 한국이 향후 몇 년 동안 그 결실을 볼 수 있기를 소망합니다.

안부를 전합니다.
진심을 담아
앨런 암스트롱

1920년

1920년 1월 22일

스코필드 박사
세브란스 의과대학. 서울, 한국.

스코필드 박사님께 :
저는 어제 다음의 전보를 당신에게 보냈습니다:

스코필드. 서울, 한국. RDVASYLYIP.

해독하면, "아내가 그리 좋지 않으니 최대한 빨리 오십시오"라는
뜻입니다.

우리는 또한 허난으로 가기 위해 오늘 "러시아" 호를 타고 가는
클라크 목사님을 통해 야간 취급 전보를 보냈습니다. 우리는 그에게
우리의 전보문에 대해 이야기를 했고, 당신이 이를 받을 수 있는 것
보다 더욱 빨리 받을 수 있도록 요코하마에서 발송하는 편지를 당신
에게 써달라고 부탁하였습니다. 우리는 당신에게 말할 것을 그에게
말했지만, 물론 그는 그에 관해서 잘 알지 못하였을 것입니다.

저는 당신의 아내가 걱정스러운 상태는 아니라고 말해야 할 것 같

습니다. 그녀는 지난 몇 달 동안 그랬던 것과 같은 상태입니다. 하지만 그녀는 지난 1년 전에 비해서는 아마도 좋지 않을 것입니다. 드프리스 박사는 저에게 의사가 그녀의 신경을 안정시키기 위해서 3주간은 움직이지 않고 침대에 가만히 있어야 할 것이라고 조언했다는 것을 알려주었습니다. 캔트 부인은 그녀를 돌보기 위해 당신이 그녀와 함께 있어야만 한다고 느끼며, 우리가 모든 것을 고려해 본다면, 만약 당신이 표를 구할 수만 있다면 5월까지 기다리지 말고 와야 한다는 동일한 결론에 도달했습니다. 당신이 표를 구하기 전이라도 당신은 물론 안전한 표를 찾을 수 있을 것입니다. 제가 생각하기에 동쪽으로 향하는 운항이 이맘때만큼 많지 않을 것이라고 생각합니다.

드프리스 박사가 당신에 대한 비방성 보고들과 관련하여 최근에 당신이 보낸 편지를 보여주었습니다. 선교사들이 정치적인 개입을 자제하는 한, 일본 당국이 죄수들에 대한 비인도적인 대우와 독립운동에 대한 야만적인 억압 방식에 대해 항의한다는 이유로 외국인을 체포하는 어리석은 짓을 할 가능성은 전혀 없어 보입니다.

거의 모든 영국인들과 미국인들이 그러하듯이, 저는 현재로서는 한국의 독립이 바람직하지 않기 때문에 독립운동이 성공하지 않아야 한다는 데 모든 선교사들이 동의하게 되기를 바랍니다. 이것이 옳지 않습니까? 반란을 극복함에 있어서 일본인들이 한국인의 자연스러운 애국심의 표현들을 아량 있게 바라보고 그들에게 잔인하게 대하기보다는 부드럽게 대한다면, 세계는 충분히 만족하게 될 것입니다. 우리가 영국에 요구하는 것도 인도에서 반란을 억누를 때 죄인들이 근대적 인간의 이상을 따라서 대우받을 수 있도록 하라는 것뿐입니다.

안부를 전합니다.

진심을 담아

앨런 암스트롱

1921년

1921년 3월 9일

프랭크 스코필드 박사
장로교 선교 본부, 컨페더레이션 라이프 빌딩, 토론토, 온타리오.

스코필드 박사님께 :

어제는 100달러 수표와 함께 당신의 편지가 왔으며, 오늘은 킹 양이 보낸 쪽지와 또 다른 100달러 수표가 스코필드 부인의 계좌로 지급되었습니다. 두 분 모두에게 감사드립니다. 당신에게 보내드린 계좌를 통해 아시겠지만 그녀의 잔금은 179.86달러이고 잔액은 19.89달러입니다. 동봉된 수표와 더불어 환전금 15센트를 찾으시기 바랍니다.

일요일에 방문하셔서 속이 많이 상하셨다는 것을 알게 되어서 유감이었습니다. 당신이 떠나신 후, 스코필드 부인은 일어나서 옷을 입고 산책을 나갔습니다. 오늘 아침 제가 그녀로부터 받은 편지에서 그녀는 일어나 약국으로 가서 25센트로 아스피린을 구입하였고, 다음번에 다시 가서 값을 지불할 의도였다고 말합니다. 그녀는 우리가 비용을 지불하고 그녀의 청구서에 넣을 것인지를 묻습니다.

하룻밤을 묵은 후, 위층 복도 너머로 소리가 들릴 정도로 그녀는 불평하며 큰 소리를 내기 시작하였습니다. 10시 30분에 저는 그녀에게 가서 만약 그러한 소리가 계속 들린다면 그녀를 살짝 때려줄 것이라고 말했습니다. 그녀는 매우 화를 내며 감히 제가 그녀에게 손을 댈 수 없다고 말했습니다. 저는 저의 말에 확실히 책임을 질 것이라고 말했고, 그녀는 월요일에 떠날 것이라고 하였습니다. 저는 그저 불을 끄고 방을 나왔고, 아침까지 우리는 다른 소리를 듣지 못하였습니다. 저는 마치 당신이 제가 엄한 규율이 무엇이든 이룰 것이라고 생각하느냐고 묻는 것처럼, 당신에게 자세히 설명하고 있습니다. 저 역시 제가 처음부터 스코필드 부인에게 더 확고하게 하지 않았던 것을 지금 유감스럽게 생각하지만, 지금은 어떤지 알더라도 몇 주 동안 그녀를 관찰하기 전까지는 어떻게 하는 것이 최선인지 알지 못했습니다.

저에게 있어서 그녀를 대하는 이상적인 방법은 다르게 생각하도록 설득하는 것이었지만 그것이 어떻게 성취될 수 있는지 저는 제안조차 할 수가 없었습니다.

1921년 8월 2일 (추정)

한국의 선교사들과 일본인들 사이에서의 일과 관련하여.

헤론 스미스 씨의 1921년 6월 25일 편지에 대한
스코필드 박사의 의견들.
암스트롱 씨에게.

스미스 씨에 의해 만들어진 특정한 변화들을 다루기 이전에, 한국에 존재하는 몇몇 조건들과 선교 정책에 대한 영향을 간략하게 살펴보는 것이 이로울 것이라고 생각합니다.

한국의 연약함과 일본의 군사력으로 인하여, 한국은 독립을 잃고 동의가 아닌 강제에 의하여 일본 제국의 일부가 되었습니다. 연합 법령의 제정 당시의 약속들은 거의 지켜지지 않았습니다. 그들은 온갖 종류의 불의로 고통을 겪고 있으며 자신들의 자유를 되찾을 희망을, 예를 들어 인도에 부여되고 있는 것과 같은 자치 정부조차도 거부당했습니다. 일본의 강제적인 동화 정책은 그들의 일부 정치인들과 대부분의 자유주의적 사상가들에 의해 비난받아 왔습니다.

한국인들을 위해 파견된 선교사들은 한국에 있으면 있을수록 점점 더 "한국화"됩니다. 그렇지 않고서는, 그들이 한국어를 말하고, 한국 문헌을 읽고, 한국 풍습을 연구하고, 점차적으로 한국적 관점으로 사물을 보는 것이 불가능합니다. 자기 이웃들이 고통을 겪을 때 동정하지 못하고 고난을 겪지 않는 선교사는 선교사로서 실패할 것입니다. 고문에 대한 이야기들이나, 한국인들을 토지에서 몰아내고 일본인들에게 임대하는 동양척식주식회사의 불의한 행동들에 대하여 어떻게 무관심할 수가 있겠습니까? 저는 모든 일에 있어서, 특히 순수하게 정치적인 측면에 있어서 토착민들과 의견이 일치되어야만 한다는 것을 말하는 것이 아니라, 절대적으로 옳지 않은 상황들에 대한 책임이 있는 사람들에 대하여 선교사의 태도가 어떠해야만 하는가 하는 것을 말하는 것입니다. 오직 사랑만이 이 그릇된 통치자들의 마음을 변화시킬 수 있기 때문에, 그것은 사랑의 마음이 되어야 한다고 생각합니다. 그러나 이는 완전히 옳지 않은 일이라고 그가 알고 있는 것과 타협하는 것을 뜻하지는 않습니다. 그는 항상 의와 정의와 진리를 위하여 한국인들과 마찬가지로 일본인들에게도 동일해야만 합니다. 스미스 씨는 그의 편지에서 "일본이 머물기 위하여 한국에 있었던 것처럼 보인다"고 말한 것과 같이 다른 입장을 취하기 때문에, 점령의 죄에 있어서 그는 무관심합니다. 그는 오직 일본인 기독교인에게만 관심이 있습니다. 저는 이와 같은 입장을 결코 취할 수 없었으며, 일본인들 중에서 저의 가장 친한 친구들에게 합병은 약탈이며 동화는 사악한 정책이라고 항상 말했습니다. 하지만 스미스 씨는 만약 그가 합병과 동화라는 그들의 입장으로부터 이탈한다면 한국에서 일본인들을 기독교화 하는 것이 거의 불가능하다는 것을 아주 잘 알고 있습니다. 그것은 마치 도둑에게 "당신은 아주 훌륭한 방법으로 약탈품을 가지고 도망갔으니 그 일에 대해서 나는 간섭하지 않겠지만, 나의 일이 모두를 기독교화 하는 것이니 당신이 예수를 믿었으면 좋겠습니다"라고 말하는 것과 같습니다. 약탈에 대한 문제를 제기하는 것은 그를 적대시하는 것이며 그를 기독교화 할 수 있는 당신의 기회를 희박하게 만들 것입니다. 한국에 있는 일본인 남자는 감히 정부의 뜻에 반하는 것을 생각하거나 말하지 않습니다. 일본에서는 그렇지 않습니다.

한국에서의 상황은 만약 독일이 전쟁에서 승리했다면 그때 미국에서 벌어질 상황과 비슷할 것입니다. 워싱턴에서 운영되는 독일 총독부에는 미국을 점령한 독일인들의 영적 복지를 돌보는 목사인 스미드 씨가 있는데, 그는 토착 미국인들의 사역자들을 바라보면서 그 자신과 그의 국민들에 대한 사랑의 부족을 심하게 불평합니다. 이제 몇몇 비난들을 간략하게 살펴보도록 하겠습니다:

(1) 일본인들은 선교사들을 의심합니다. 이것은 사실이며 여기에는 여러 가지 이유가 있습니다.

(a) 선교사들은 그들의 정책들을 추진하는 정부의 대리인이 되는 것을 항상 거부하였습니다. 이러한 행동은 비우호적인 것으로 받아들여졌습니다. 콘퍼런스에서 선교사들은 정부에 의해서, 그리고 비공식적으로는 서울 프레스에 의해서, 그들이 거부함으로써 봉기를 진압하는 데 도움을 달라는 요청을 받았습니다. 대부분의 선교사들은 정치에 관여하지 않고자 하며 한국인에 대한 그들의 사랑이 항일정신의 증거로 여겨지고 있습니다.

(b) 한국인들이 외국인들을 사랑하고 그들을 신뢰한다는 것이 일본인들에게는 가장 성가신 일입니다. 이것이 외국인들에 대한 그들의 의혹을 증가시킵니다.

(c) 일본인들은 선교사들이 강제적인 동화 정책에 전혀 동조하지 않는다는 것을 알고 있습니다. 그러므로 그들은 선교사들이 그들에

대항하여 음모를 꾸미고 있다고 의심합니다.

　(2) 선교사들은 일본인들에 대하여 선교적 태도를 가지고 있지 않습니다. 이는 그들이 일본인들에 대한 스미스 씨의 태도를 가지고 있지 않다는 것을 뜻할 뿐입니다. 한국에 존재하는 조건들 아래에서, 일본인과 한국인 모두의 선교사가 되는 것이나, 심지어 둘 모두와 친목을 도모하는 것조차도 세상에서 가장 어려운 일들 중 하나입니다. 스미스 씨는 — 드 캠프를 제외하고 — 선교사들 중에서 일본인을 그리스도에게로 인도한 사람이 없다고 자주 불평합니다. 저는 스미스 씨가 한국 사람을 회심시킨 적이 있는지 알고 싶습니다. 만약 가망이 있는 한국인이 그가 누구인지 알았다면, 그는 조금도 기뻐하지 않을 것입니다. 저는 모든 한국인이 그를 싫어하며 많은 이들이 그를 미워한다는 것을 그가 알고 있을 것이라고 확신합니다. 대부분의 일본인들이 저를 미워하는 것처럼 말입니다. 드 캠프 씨의 사례의 주된 이유는 그가 5천 달러를 그 일본인에게 빌려주어 구덩이에서 건져주었기 때문입니다. 저는 드 캠프 씨가 그의 빚진 자의 영원한 구원을 의문시한다고 생각합니다. 저는 슬프지만 진실된 상황을 설명하기 위하여 이를 언급합니다. 많은 선교사들은 한국인들에 대한 그들의 사역이 방해된다는 것을 알기 때문에, 또 일본인들에게 영어를 가르치는 것 이상의 일을 할 수 있을지가 의심스럽기 때문에, 일본인들과 상대하는 모든 일을 피합니다. 경찰의 죄들을 은폐하기 위하여 저에게 한국에서의 고문의 존재를 절대적으로 부인하면서, 총독부의 비서관이며 스미스 씨의 가장 강력한 기독교인인 [illegible] 씨가 애국자들로서의 한국인들을 언급하는 것을 거부

하기 위하여 저에게 가장 분개했을 때, 우리가 매우 멀어지게 되는 것은 가능한 일입니다. 또 다른 경우는 "일본의 아첨"입니다. 그의 이름을 제가 잊어버렸는데, 잔혹 행위들에 대한 모든 정보를 얻기 위하여 저에게 왔습니다. 저는 그것을 주었습니다. 그는 분개하였고 곧바로 총독을 만나러 갔었습니다. 이튿날 저는 그를 만났고 어떻게 되었는지 물었습니다. 그는 총독을 만나지 못했으나 유사-정부기관의 책임자에게서 자신의 교회 사역을 위하여 2만 달러를 받았다고 저에게 말했습니다.

(3) "선교사들이 스미스 씨에게 방해가 된다는 것."

네, 저는 그들이 그렇다고 생각해야 하며, 이는 주로 앞서 주어진 이유들 때문입니다. 그들 대부분은 스미스 씨와는 완전히 다른 관점에서 사물을 봅니다. 스미스 씨는 충분히 괜찮은 사람이지만, 그에게는 민주주의자가 그를 인정하기 어렵게 만드는 프로이센 제국주의적인 성향이 있습니다.

(4) "선교사들이 냉혹하며 우리의 원수들을 사랑할 그리스도의 영을 결여하고 있다는 것."

저는 대부분의 선교사들이 일본인들에 대하여 비-그리스도교적 태도를 가지고 있다고 생각하는 스미스 씨가 틀렸다고 생각합니다. 그들 모두는 그들의 잔인함은 싫어하지만 개별 일본인들을 싫어하지는 않습니다. 잔혹 행위 당시에 일본인들에 대하여 맹렬하게 말하는 소수의 사람들이 있었지만, 벨기에의 독일인들에 대하여 증오의 말을 했던 많은 국내의 기독교 목회자들보다 그들이 더 나쁜가요?

우리 모두는 이곳에서 그리스도의 계명 중에서 가장 어려운 것이 "우리의 원수를 사랑하는 것"임을 발견하는 죄를 짓고 있습니다. 스미스 씨가 "만약 제가 그런 분위기로 되돌아가야만 했다면 저의 종교를 잃을지도 모른다고 주교에게 썼습니다"라고 말한 것처럼 말입니다. 저는 그를 그토록 성가시게 만드는 선교사들을 그가 사랑할 수 있는지 묻고 싶습니다. 1919년에 분명하였던 고통스러운 느낌은 이제 지나갔을 것이라고 저는 생각합니다. 저는 제가 떠나기 전에 많은 선교사들이 일본인들에게 그리스도를 전하기 위하여 그들이 무엇을 할 수 있었을지 알고자 했다는 것을 압니다. 스미스 씨와 같이 우리 모두는 그들이 구원받아야만 하지만, 그들에게 접근하는 길은 가장 어려운 것임을 깨달았습니다. 스미스 씨는 여분의 시간에 일본어를 배우기 위해 힘써 노력하는 수많은 선교사들이 있었다는 것을 기억해야만 합니다. 이는 큰 부담이었지만, 그것은 일본인들과 교류할 수 있게 되고자 하는 유일한 목적을 위한 것이었습니다.

절반의 진실을 말하는 것과 관련하여, 스미스 씨의 소책자인 "한국적 질문의 이면"은 전형적인 예입니다. 만약 그가 거짓말쟁이가 될 의도가 없었다면, 나머지 절반에 대하여 그는 무지했던 것입니다. 스미스 씨는 한국에 있는 어떤 백인보다도 그에 관한 한국적 측면에 대하여 많이 알고 있지 못하며, 우리들 대부분은 그에 관한 일본적 측면에 대하여 거의 알고 있지 않습니다. 그 결과 어떤 절반의 진실들이 출판되었고, [illegible] 박사 — 그러니까 — 혹은 스코필드 박사의 절반의 진실이 일본의 적대감과 스미스 씨의 분노를 불러일으킬 때 스미스 씨의 절반의 진실은 정부에 의해서는 높이 평가되고 한국인들은 개탄하였습니다. 스미스 씨는 일본인들이 절반의 진실을 싫어하고 따라서 선교사들이 절반의 진실을 말하기 때문에 일본인들이 선교사들을 싫어한다는 것을 생각하는 데 실패하고 있습니다. 만일 그들의 악을 폭로하는 것이고 그가 모든 진실을 말하는 것이었다면 그들은 그 선교사를 아주 미워했을 것입니다. 하지만 사건의 양측 모두를 말할 때는 항상 각별한 주의를 기울여야만 합니다. 저는 스미스 씨가 온전한 진실을 말하지 않는 데 있어서 큰 죄를 범하고 있다고 생각합니다. 그의 현재 편지를 예로 들어보겠습니다. 그는 일본의 만주 원정의 이유로서 웰하렌 씨의 총격과 바스토우 대령의 부상을 제시합니다. 그와는 전혀 아무런 상관이 없었습니다. 스미스 씨가 언급한 그 강탈 사건은 1916년에 일어났으며 우리들 대부분에게는 잊혀졌습니다. 일본인들이 만주에 진입한 것은 그곳에서부터 한국으로의 행동을 취해 왔던 애국적인 저항 무리들의 일부를 포획하기 위해서였습니다. 그들은 또한 만주로 도피하는 것이 일본의 탄압으로부터의 피난처를 제공하지 않는다는 것을 한국인들에게 보여주기를 원했습니다.

스미스 씨의 편지를 읽으면서 저는 그가 상황의 심리학을 이해하는 데 실패하고 있으며 인간의 본성을 이해하지 못한다고 느낍니다. 하지만 저는 그가 그와 같은 글을 썼다는 것을 반갑게 생각합니다. 왜냐하면 그것은 우리가 일본인들에게 다가가는데 어떻게 실패하고 있는지 알 수 있도록 도와줄 것이며, 이와 같이 가장 어려운 문제에 접근하고 해결하는 어떠한 방법을 찾기 위하여 우리가 더욱 결심하도록 만들 것이기 때문입니다.

프랭크 스코필드

1921년 9월 7일

스코필드 박사
녹스 칼리지, 도심지.

스코필드 박사님께 :

오웬으로부터의 흥미로운 편지가 방금 도착하였습니다. 당신은 그 편지에서 발췌한 다음 내용에 대하여 관심이 있으실 것입니다.

"마리아 김 양 사건은 대법원에 상고되었고 그녀의 형이 다시 확정되었습니다. 판결이 내려졌을 때 그녀는 우리 병원의 환자였습니다. 그녀는 8월 1일에 교도소에 보고하라는 명령을 받았습니다. 맨스필드 박사는 그녀가 T.B.를 가지고 있다는 것을 알았고, 그녀가 되돌아가도록 요구받지 않아야 한다는 증서를 만들었습니다. 지난 1년 동안 그녀가 감옥에서 보낸 시간은 비교적 적은 시간이었기 때문에 저는 정부가 그녀에게 상당히 관대했다고 말하지 않을 수 없습니다. 그녀는 작년 이맘때 우리 병원에 있었고, 이후 광주로 갔다가, 대부분의 겨울은 서울의 한국 병원에서 보냈습니다. 올해 7월 우리 병원을 떠난 후, 그녀는 다시 한국 병원으로 간 것으로 저는 알고 있습니다. 8월 1일에 그녀가 교도소에 보고하지 않자, 경찰이 그녀를 찾기 시작했습니다. 한 한국 신문은 2~3년 전 김 양이 상하이에 도착했다는 전보가 왔다고 보도했습니다. 만약 그렇다면, 그녀는 보석 조건을 어긴 것입니다. 어떤 사람들은 [illegible] 양이 그녀를 위한 [illegible]을 가지고 있다고 생각하지만, [illegible] 양이 다이아몬드 마운틴에서 여름을 보내고 있으므로 제가 이것을 확인할 수가 없습니다. 만약 당신이 그에게 보낼 수 있다면 스코필드는 이 뉴스에 관심을 가질 것입니다. 김 양의 행동에 대하여 탐구하는 몇몇 표현을 들은 적이 있습니다.

6월 어느 날에 C. C. 홉커크 박사와 시카고의 가족이 현장에 도착했고 선교부는 그들을 세브란스에 배정했습니다. 홉커크 박사는 이곳에 오기 위하여 연간 35,000달러의 업무를 포기하였습니다. 그는 엑스레이 전문 외과의입니다. 우리는 우리의 엑스레이 장비를 팔았고, 7월에 새것이 도착했는데 아주 좋습니다. 세브란스 씨의 아낌없는 성원으로 우리는 지난 1년 동안 고급 세탁 시설과 엑스레이 기구를 갖추었고, 고급 살균 기구가 지금 세관을 통과하고 있습니다. 우리는 또한 35개의 높은 침대와 매트리스를 받았습니다. 현재 유티카 노회와 브루클린-나소 노회는 우리에게 침대 시트와 외과용 붕대와 일반 붕대 등을 공급할 책임이 있습니다. 이와 같은 방식으로 여성들은 전쟁 동안 그들이 그토록 즐겼던 적십자 활동을 이어가고 있습니다. 우리는 우편으로 많은 소포들을 받았고, 현재 세관에 입고된 화물에는 여러 상자들이 들어 있습니다. 3년 임기의 세균학자로서 브루프 박사를 확보할 가능성이 있습니다. 저는 그와 연락하기 전에 에비슨 박사로부터의 전보를 기다리고 있습니다. 두 번째 외국인 치과의사인 맥안리스 박사가 8월 26일에 항해를 합니다. 우리 선교부에 임명된 두 명의 의사가 겨울 동안 여기서 인턴으로서 활동할 예정이므로, 이번 겨울에는 우리가 많은 도움을 받을 것입니다.[4]"

[illegible]는 원산에서 열리는 우리의 정기 총회를 다루고 있으며,

---

4 다음 두 문장은 원문이 해독 불가하여 번역할 수 없음.

[illegible] 연합 기관에 대한 이사회 [illegible] 당신이 보고 싶으시다면 모두 읽어보셔도 좋습니다.

그는 정치 상황을 요약한 에비슨 박사의 편지 사본을 굴릭 박사에게 [illegible] 하였습니다.

우리의 새로운 간호사인 [illegible] 양은 9월 1일에 서울로 갑니다. 그리어슨 박사는 [illegible]로 가므로, C.L.S.는 그를 얻지 못합니다.

안부를 전합니다.

진심을 담아

앨런 암스트롱

1922년

1922년 3월 19일

프랭크 스코필드 박사
유니버스티 거리 110, 도심지.

스코필드 박사님께 :

당신을 전도 선교사로 보내달라고 요청하는 그 선교지부의 근무자에 의해 서명이 된 함흥으로부터의 편지가 왔습니다.

저는 전도에 있어서 당신의 삶이 열매를 맺을 것이라는 그들의 말에 개인적으로 동의합니다. 저는 당신의 능력과 헌신을 인정합니다. 저는 다른 문제에 대하여 아버지와 같이 당신에게 말하는 것이 정당한 것인지 아닌지가 궁금합니다.

저는 한국의 동료 선교사들에 대한 몇 가지 반성들을 포함하여, 특히 영국의 영향력과 정책에 대한 당신의 공적 발언에 대한 항의를 거듭해서 듣고 있습니다. 어떤 이들은 당신이 하고 있는 발언에 대하여 분명하게 분개하고 있으며, 당신이 해외선교부의 입장을 대변하고 있는지 아닌지를 궁금해 합니다. 저는 이러한 발언들을 인쇄본으로 보거나 들은 적이 없지만, 그들이 정확하게 보고하였는지 아닌지를 사람들이 궁금해 하는 것을, 그들로부터 너무 자주 듣고 있습니다. 우리 중 누구도 영국의 행정부가 결점이 없다고 생각하지는 않지만, 우리는 영국이 세계에서 가장 훌륭한 문명 강국이라는 것을 압니다. 오점이 있기는 하지만 정의의 유익을 위한 영국의 영향력은 다른 모든 권력을 능가합니다. 영국 행정부가 없었다면 지금 인도는 어디에 있었을까요? 영국이 거기에 없었다면 내일 무슨 일이 일어 났을까요? 하지만 저는 당신이 말한 것에 대하여 개인적인 지식 없이 논하고 있지만, 당신을 선교사로 임명하는 것이 타당한지에 대한 선교위원회의 구성원들의 판단에 영향을 미치는 어떤 또는 다른 말들이 발설되었다는 것을 알아야 합니다.

저는 바람이 어떻게 부는지를 알 수 있도록 당신에게 이것을 알려드리는 것이 옳다고 생각합니다. 제가 당신의 열정과 능력을 매우 높이 산다고 말할 때 당신에게 아첨하는 것이 아니며, 많은 일들을 할 수 있는 그러한 재능들이 부주의한 발언으로 인하여 손상되어야 한다는 것에 대하여 진심으로 유감스럽게 생각합니다. 이 점에서 당신이 전적으로 저의 말에 동의하지 않을 수도 있지만, 저의 개인적인 생각은 어떤 사람들의 말을 당신에게 전하는 것은 형제애에 의한 것이라고 느낍니다.

진심을 담아
로버트 맥케이

1922년 8월 12일

스코필드 박사
유니버스티 거리 110, 토론토, 온타리오.

스코필드 박사님께 :

방금 당신의 편지를 받았습니다. 여러 방향에서 지지를 받아서 기뻤던 세계로 보낸 저의 편지에 대한 당신의 동의에 감사드립니다. 저의 소망은 그것이 어떤 극단주의자들의 정책과 해로운 선전 활동을 저지하는 경향이 있다는 것입니다.

저는 특히 적어도 1년 동안 캐나다에 머무는 것이 타당하다는 당신의 의견과 저의 판단이 일치한다고 생각한다는 것을 말하기 위하여 편지를 쓰고 있습니다. 저는 스코필드 부인이 건강을 회복하고 당신이 행복한 가정을 누릴 것이라는 희망을 당신과 더불어 소중히 여깁니다.

요전에 저는 한국으로부터 당신이 전도 사역보다는 서울에서 봉사해야만 하지만, 당신의 생활비는 다른 방식으로 제공되어야 한다는 것을 결의한 협의회의 조치를 보고하는 편지를 받았습니다. 그러한 방식에 기반하기에는 전적으로 너무나 불확실합니다.

그동안에 조금 더 시간이 지나면 문제를 해결하는 데 도움이 될 것이라고 생각하며, 당신이 정부에 고용이 되는 데 유리하게 될 것이라고 생각합니다.

저는 3등석을 타고 영국으로 간다는 당신의 계획을 이해하기가 힘듭니다. 제가 알기로 3등석과 2등석의 항해의 차이는 50달러 미만입니다. 이에 저는 장로교회의 체면과 당신 자신의 체면을 유지할 수 있도록 50불에 해당하는 수표를 동봉하는 기쁨을 누리고자 합니다. 우리가 편하게 지내는 동안 그와 같은 불편함을 감수하기에는 당신이 너무 선하고 덩치가 큰 사람입니다. 망설임 없이 받아주시기를 바라며, 당신의 누이가 좋아지기를 바라는 마음을 전하게 해주시기를 바랍니다. 저는 당신의 방문이 당신과 그들에게 유익하고 즐거운 일이 될 것으로 확신합니다.

진심을 담아
로버트 맥케이

1922년 8월 30일

스코필드 박사
알버트 공원 15, 런던, N. 5, 잉글랜드.

스코필드 박사님께 :

저의 아내와 저는 11개월 동안 가장 유익하고 흥미로운 경험을 하고 어제 돌아왔습니다.

저는 당신이 예전처럼 우리 교회의 선교사로서 급여를 받고 한국으로 돌아가는 문제를 집행부에 제안할 것입니다.

협의회의 권고는 당신이 세브란스의 직원이 되어 서울에 배정이 되고, 그 도시에서 가능한 많은 복음적 사역을 한다는 것입니다. 저는 집행부가 이러한 권고를 승인하기를 바랍니다.

연례 협의회 회의는 그다지 만족스럽지 않았습니다. 맥도날드는 그것을 "그 이전에 비하여 훨씬 더 불쾌하고, 불만족스럽고, 신경 거스르는 것들 중에서도 최악"이라고 부릅니다. 주로 소수의 선교사들을 여러 선교지에 배정하는 것과 정부에 의해 등록되거나 승인된 학교를 만드는데 드는 높은 비용을 고려한 선교부의 교육 정책과 같은 해결하기 어려운 몇몇 문제들이 있었기 때문에 저는 그런 강한 형용사들을 사용하지는 않았을 것입니다.

김관식이 학업, 특히 종교 교육과 주일학교 사역을 위하여 캐나다로 올 것입니다.

그레이스 리는 올 예정이었으나, 대신 세브란스의 김 박사와 결혼

할 것입니다. 이것이 매컬리 가족에게는 큰 실망이 될 것입니다.

맥도날드는 내년의 25주년 기념을 맞이하는 것을 무척이나 바라고 있습니다. 그는 연례 성경 콘퍼런스를 위한 캐나다인 연사를 원하며, 그런 사람이 P.M.B.와 J.M.S.의 대표가 될 수 있기를 바랍니다. 그는 또한 아시아의 다른 캐나다 장로교 선교부의 각각의 대표가 참석하기를 열망하고 있습니다. 그들은 올해 10월 "코리안 미션 필드"의 캐나다 특집호를 계획하고 있습니다.

당신이 돌아오자마자 만나 뵙기를 희망하며, 한국에서의 일과 관련하여 만족스러운 기회가 있을 것으로 믿습니다.

진심을 담아

앨런 암스트롱

1923년

1923년 1월 17일

프랭크 스코필드 박사
온타리오 수의대학. 구엘프, 온타리오.

친애하는 스코필드 박사님께 :

저는 당신의 12일자 편지를 가지고 있으며, 어제 있었던 임원 회의에서 서울로 돌아가고 싶다는 당신의 의사를 밝혔습니다.

물론 맥케이 박사와 저는 전부터 이를 알고 있었습니다.

우리는 나중에, 아마도 4월 이사회가 열릴 때까지 조치를 연기하기로 동의하였습니다. 이는 당신을 기쁘게 하지 않을 것이며, 당신은 나병 사역을 하시는 윌슨 박사와 함께 한국으로 돌아가는 것이 바람직하다고 여기실 것입니다. 하지만, 우리의 재정 상황에서 달리 할 수 있는 일은 없으며, 한국으로부터의 보고가 4월 이전에 있을 수 있다면 우리가 당신을 예전의 업무에 재임명할 수 있을 것입니다. 그러나 현재로서는 명확하게 말씀드릴 수 없습니다.

안부를 전합니다.

진심을 담아

앨런 암스트롱

1923년 1월 20일 (추정)

온타리오 수의대학, 구엘프.
금요일[5]

친애하는 암스트롱 씨에게 :

우리의 마지막 대화에서 당신은 현재 미 장로교 선교부에서 맨스필드 박사를 인계하고 제가 세브란스로 갈 수도 있다는 것을 ― 저의 생각에는 진지하지는 않게 ― 제안하셨습니다. 여기에 하나의 실제적인 제안이 있습니다. 미국 이사회를 설득하여 당분간은 저를 그들의 대표자로서 가도록 하실 수 있으신지요? 우리 선교부를 떠나는 것이 매우 유감이지만 다시 돌아올 수 있다면 어떤 선교부에도 저는 기꺼이 들어갈 것입니다. 미국 장로교 또는 감리교 선교부 중에서 발령이 모자란 곳이 어디인지 제게 알려주시겠습니까? 저는 가능한 곳이라면 어디든지 기꺼이 가고자 합니다.[6] 나병환자 사역을 하시는 윌슨 박사와 함께 돌아오게 될 것입니다. 저는 인내하기 위해 애쓰고 있지만 쉽지는 않습니다.

진심을 담아
프랭크 스코필드

---

5 1923년 1월 17일 암스트롱의 편지와 연관된 것으로 보임. 금요일은 20일이라 추정함.
6 필사본의 단어 누락으로 의역함.

1923년 3월 22일

프랭크 스코필드 박사
온타리오 수의대학. 구엘프, 온타리오.

스코필드 박사님께 :

당신의 2월 29일자 편지에 답하지 않았습니다. 이달 말에 당신이 말씀하신 대로 토론토에 계시기를 바랍니다. 25일 일요일이나 4월 1일에는 제가 집에 있기 때문에 당신이 여기 계실 수 없어서 죄송합니다. 하지만 당신이 오실 때 제게 알려주시기 바랍니다.

신문에서 보신 목록에서 당신의 이름이 누락된 것은 당신이 한국에 가시거나 가지 않으시는 것과는 아무 상관이 없습니다. 선교본부가 집행부의 추천을 받아들여서 4월 17~20일 회의에서 예이츠 씨를 임명하기를 희망합니다.

지금 저는 당신이 선교부 회의 동안에 참석하셔서 당신의 사례를 선교본부에 말씀하실 것인지가 궁금합니다. 그것이 할 수 있는 최선의 일일 것입니다. 우리의 현재 재정 상황에서 맨스필드가 세브란스 직원 중에서 우리의 대표인 한, 당신을 한국에 임명할 가능성은 없습니다.

하지만 저는 당신이 나가셔서 자력으로 계실 수도 있다고 느끼지만, 아마도 그것은 제가 당신이 감당해야 할 너무 큰 짐을 제안하고 있는 것인지 모르겠습니다. 당신은 제가 한국과 세브란스에서 당신을 얼마나 다시 만나고 싶어 하는지 아실 것이며, 종이에 쓰는 것이 아니라 그에 관하여 당신에게 말씀드리고 싶은 것이 있지만, 당신을 만날 때까지 유보해 둘 것입니다.

당신은 확실히 그 사고에서 가까스로 모면하였습니다. 당신이 움직이는 전차 아래로 갈 만큼 어리석었을 때 그분이 당신을 이 행성에 남겨두신 것은 주님께서 분명히 당신을 더 사용하시려 했기 때문입니다.

안부를 전합니다.
깊은 진심을 담아

추신.
맥레 부인이 그녀의 아이들과 함께 봄에 돌아올 것이며, 그녀는 함흥이 자신의 장소라고 느낍니다. 그리고 그녀의 남편이 그녀가 올 것을 간청하는 편지를 씁니다.

1923년 4월 13일

스코필드 박사
온타리오 수의대학. 구엘프, 온타리오.

스코필드 박사님께 :

4월 11일에 보내신 당신의 편지에 감사드립니다.

안나 맥닐 양은 매우 높은 평가를 받았으며 우리는 그녀가 우리의 여성 선교부에 지원서를 제출할 것을 제안합니다. 올해에는 더 이상의 임명을 하지 않기 때문에 내년에 가능한 임명을 위하여 목록의 가장 윗자리에 그녀를 올려놓을 수 있을 것입니다.

당신의 사랑하는 친구들인 루이자와 엘리자베스는 원산에서의 교육 사역을 위해 그녀를 데려오기를 간절히 원합니다.

우리는 지난밤 녹스 칼리지에서 상하이의 정 박사로부터 훌륭한 연설을 들었습니다. 그는 1917년 녹스 칼리지에서 "D.D." 학위를 받았으며, 그 이후로 그리스도의 은혜와 능력 안에서 성장하였다는 것을, 그의 학위 때문에 덧붙여야 할 것 같습니다.

저는 작년 5월에 열흘간, 정 박사가 의장으로 있던 상하이 대회보다 더 큰 위엄과 은혜와 능력으로 주관하는 대회를 보지 못하였습니다. 오늘 밤 그가 대중 집회에서 연설을 하는데, 당신도 그의 연설을 들을 수 있었으면 좋았을 것입니다.

선교부 회의에 당신이 참석하기를 바랍니다. 만나게 되면 무척 반가울 것입니다.

진심을 담아

앨런 암스트롱

1923년 8월 7일

스코필드 박사
온타리오 수의대학, 구엘프, 온타리오.

친애하는 스코필드 박사님 :

오늘 아침 기차에서 프레이저 부부를 보았을 때 프레이저 씨가 저에게 말했습니다.[7] 프레이저 씨는 저에게 그가 당신에게 리빙스턴 씨에 대하여 말했다고 하였습니다. 저는 그에게 보자는 연락을 하였고, 그가 비상한 지성과 따뜻한 마음을 가진 매우 흥미로운 사람임을 알게 되었습니다. 그는 한국에 선교사로 가고자 하였으나, 다른 언어를 습득함에 있어서 그가 오직 구어만 사용하는 나라에 임명하는 것은 쉽지 않아 보였습니다.

저는 당신이 리빙스턴 씨와 만나서 대화하는 것을 매우 좋아하시리라 확신하며, 가든지 오든지 그와 한두 시간 동안 대화할 것을 계획해 보시기를 바랍니다. 그는 신앙과 교회와 선교 사역에 대해서 이야기하는 것을 무척 원할 것이기 때문에 어느 것도 가능할 것입니다. 만약 당신이 그럴 생각이 있다면, 프레이저 씨가 그를 만나러 갈 시간이 없었다는 것을 송구스러워한다는 것을 그에게 말할 수도 있을 것입니다.

---

7 원문상의 문제로 번역을 할 수 없으며, 이후에도 알 수 없는 단어들이 종종 나와 추측하여 의역함.

안부를 전합니다.

진심을 담아

앨런 암스트롱

1923년 10월 18일

스코필드 박사
온타리오 수의대학. 구엘프, 온타리오.

스코필드 박사님께 :

의학 저널에 실린 논문의 사본을 첨부합니다. 당신은 그에 관하여 흥미가 있으실 것입니다.[8]

저는 일요일에 당신과 만날 수 있는 특권에 기뻤으며, 얼마나 감사한지 말로 할 수 없습니다. 당신은 저에게 영감을 주시는 분입니다.

안부를 전합니다.

진심을 담아

로버트 맥케이

---

8 원본 이미지로는 정확한 단어를 확인할 수 없어 전반적으로 생략하고 의역하였음.

1923년 12월 4일

스코필드 박사
온타리오 수의대학, 구엘프, 온타리오.

친애하는 스코필드 박사님께 :

얼마 전 당신은 에비슨 박사가 미국에 있을 것인지를 묻는 편지를 저에게 썼습니다. 서울의 이사회에 의해 [illegible] 그가 올 가을에 미국에 오지 말아야 한다는 것을 알게 되었습니다.[9]

저는 당신이 학생들 사이에서 하고 있는 [illegible] 일에 관련된 샤만 박사의 인용문에 대하여 매우 감사하였습니다. 제가 우리 이사회가 내년에 가능하게 해주기를 바라는 바와 같이, 만약 휴 맥밀란이 외국의 현장으로 가게 되고, 당신이 한국으로 돌아가지 않는다면 캐나다의 학생 자원 봉사관으로서 1년을 보낼 수 있기를 희망합니다. 그는 임명된 상태이지만, 그의 현장은 정해지지 않았습니다.

바커스 가족은 그의 형제와 유니언빌에 있습니다. 최근의 메모에서 그는 약간 나아지긴 했지만 기분이 안 좋았고, 매우 침울하고 우울하여 그의 아내가 [illegible] 심각한 일이 일어날까 두려워하였다고 합니다.[10]

맥도날드는 그에 관하여 나중에 충분히 써주겠다고 약속했지만, 그는 그들에게 이것과 다른 [illegible] 확신한다고 말합니다. [illegible]

---

9 이후 문장들은 번역 불가함.
10 이후 문장들은 번역 불가함.

더 많은 선교사들과 더 많은 자금이 긴요하게 [illegible] "선교사들이 [illegible] 할 수 있도록 하는 새로운 정책"[11]

우리는 연례 회의에서 1919년에 제안된 바와 같이 원산으로부터 철수하고 남감리교가 그 현장을 돌보도록 하는 것을 고려하도록 선교부에 요청하였습니다.[12]

안부를 전합니다.

진심을 담아

---

11 이후 문장들은 번역 불가함.
12 이후 문장들은 번역 불가함.

원문

1916

Dec 30, 1916

Dr. F. W. Schofield

Severance Medical College,

Seoul, Korea. Japan.

Dear Dr. Schofield:

Ingram & Bell Company Limited shipped goods for you to Montgomery-Wards, and expected Montgomery to pay the freight bill of $38.15. To me it is a new thing in the business world that one firm would expect another that had nothing to do with the purchase to pay the freight bill. Surely it is the business of Ingram & Bell to have secured payment for the freight from you or from us, not from Montgomery-Wards.

However, Montgomery-Wards have paid the bill, and are now asking us for it, and of course we can do nothing but pay it although we have no information from you on this point. Can you enlighten us? Since you did not say anything to us about it one would suppose that you expected the freight bill to be included in the purchase price.

If this is so, then you will need to give us a letter on which we can claim re-payment from Ingram & Bell.

If the bill is correct kindly instruct us how we are to charge it. Will you pay it out of the amount that was given you by friends for laboratory equipment, for I suppose that was the way in which you purchased the goods from that company. In that case the simplest way is for you to instruct Mr. Robb, the Treasurer, to send us an order for the amount, payable to the Treasurer of the Presbyterian Church in Canada.

With kind regards. I am.
Yours sincerely,
AEA-JS.

1917

February 10, 1917

Dr. F. W. Schofield
Seoul, Korea. Japan

Dear Dr. Schofield:

Regarding your letter of December 4th concerning the freight bill from Montgomery Ward Company, I wrote them January 6th enclosing the statement you sent us and making enquiries about it. I also wrote Mr. Dwight H. Day the same date concerning $18.76 which you stated they Proposed to pay for the case of equipment. I received a letter from Mr. Day as follows:

"Replying to your letter of January 6th in reference to the bill sent you from Montgomery Ward & Co. for Dr. F.W. Schofield, Severance Medical College, Seoul, Korea, would advise that this bill was sent to us by Montgomery Ward & Co., amounting to $524.94 and was paid for On December 12th. There does not appear on it any items of $13.76 for sterilizer. It will, therefore, be unnecessary for you to pay Montgomery Ward & Co."

"There was a slight error in the charge of $13.[illegible]6 and $1 which we are taking up with Montgomery Ward direct."

Not hearing from Montgomery Ward. I wrote them again January 23rd asking for attention to the matter and I now have their reply dated Feb. 7th as follows:

"Your letter or Jan. 23rd regarding the freight bill for Dr. Schofield. Seoul, Zorea, has been received."
"The freight bill which we sent to Dr. Schofield is for his information. We also sent a statement to Mr. Dwight H. Day of New York for this amount and are in receipt of a remittance of $324.94 to Cover the same. This you will undoubtedly see is an error and we expect will be corrected by Dr. Day before long. We believe that this letter explains the matter."

I have written Dr. Avison and Mr. Robb concerning a statement in a recent letter from Dr. Avison regarding the scouring of a site and building a House for you. We are advising that you continue in the late Dr. Underwood's house if favorable rental, which we understand you now have, can be continued for two or three years. Perhaps you will desire to get from Dr. Avison the statement of the matter as I wrote him.

We are all very much concerning about Miss. Hughes, though we have had no word except from Dr. Avison who fears she will not fit into the work at Severance. This is disconcerting information, but we trust that she will pull herself together from what seems to be a case of nerves, Or home-sickness, or stage fright. We are encouraged in this belief because no cablegram has come nor indeed any letter from Mr. Robb. It must be very trying on a young woman for the first time in a strange land.

With kind regards to Mrs. Schofield and yourself, I am.

Yours sincerely,

AEA

MC

1918

February 8, 1918

Dr. Frank W. Schofield,
Seoul, Korea. Japan.

Dear Dr. Schofield:

Allow me to express my deep sympathy in the affliction that has come to your home. I suppose it is your devotion to the work to which your life has been given that has so engrossed you as to leave us largely in ignorance of what has been transpiring.

I regret very much that I am not in a position at least of try to be of some service in such a time of distress. You apparently continue to apply yourself with unimpaired strength. Nevertheless, I am sure you carry a wounded heart and continuously seek for news of recovery. I do not know that anything can be done, but I should at least like to try to show sympathy and interest in a situation that must be exceedingly painful to yourself and your friends.

A letter from Dr. Grierson very kindly and sympathetically gave his impressions and they represent the case as serious. May the dear child find relief and consolation in her great trial and may grace abound

to you all. How good it is to have faith in the Sovereignty of God.
that all things by Him are made to work together, and that through
tribulation will come the new heavens and the new earth. He sits upon
the circle of the earth and His eternal purposes will not fail. We can
do daily duty and continue looking at the starts.

I saw Dr. Avison in New York at the conference. He looks well
and is, of course, deeply immersed in matters relating to the Union
college as well as the Medical school. We expect him in Toronto some
of these days. I had very little opportunity of conversation with him.

Mr. Winchester we see very little of. As you know he has a year
of freedom from the congregation and is flying and thither in
connection with conferences, and I presume seeking to inoculate the
Church and world with the imminence of the Second Coming.

How do you enjoy the Koreans? They appealed to me very strongly
as having great possibilities. There is a beautiful strain of the
emotional in their nature which, if not so tough and enduring as some
others, may develop the finer types.

I wish it were possible to drop in and see the work from time to
time as it advances.

We are in the midst of a very severe winter. It is said to be the
most severe in fifty years. But never in fifty years was it associate as
it is now, with a coal famine. Multitudes of people whose homes are
not comfortable, and where there are children and sick folk, the
distress must be very serious. Efforts are being made by the authorities
to make the fuel available go as far as possible by week a little to

all. Even that has not proved possible.

I began to write, however, to express my word of sympathy, and the hope that grace may abound. His resources will never fail.

With much regard. I am,

Yours sincerely,

RPM

MC

March 16, 1918

Dr. F. W. Schofield,
Seoul, Korea. Japan.

Dear Dr. Schofield:

I called sometime ago to see Mrs. Schofield after I had heard of her return. She was not at home, so that I did not see her, but had a pleasant conversation with Mr. and Mrs. Kent. They were somewhat disturbed as to what the future might bring. Mrs. Kent was emphatic in the belief that either you must return to Canada or Mrs. Schofield called at the office, and I was pleased to find her so bright and well.

I found that she was under the impression that money had to be sent from you back to Canada, and that she was without funds. I asked Dr. Somerville to give her $50 to be charged against your account, and told your wife that I would write seeking instructions from you as to how much was to be her share, and of course that she would always get remittances from the office. Money does not need to be sent to you to be returned.

I can quite appreciate how painful this separation must be. You are both young, and of course the separation ought not to continue too long. It seems to me to be contrary to laws human and Divine that such a break so early in life should be continued for many years. In all human probability each of you is likely to have long years before you.

I saw Dr. Avison the other day, and he gives high testimony as to the quality of your work. This but adds to the sorrow that one feels that anything should come to arrest what has been so well begun. Dr. Avison is diligent at work in promoting the interests of both Colleges. I hope he will return with a good budget and new inspiration.

In the meantime, however, I simply write to advise you as to my action re money and to ask for instructions as the future. I suppose you are in constant correspondence.

Are you hearing from Mr. Winchester? He is absent during this winter taking part in conferences in many quarters which has made it impossible to come into touch with him for sometime. I understand he resumes the congregational work this month.

We all nowadays watch with the deepest interest the progress of the war or should I say the lack of progress. Courage is now evaporating, but there is less confidence than there was sometime ago. What will the future bring to the world, should the war close either as a victory to the enemy or a drawn battle which would be little better than defeat? There is One who is omnipotent to save, but the lesson has not been learned.

Trusting you are keeping well, and that light will come, I am,

Yours sincerely,
RPM/MC

P. S.

Since writing the above, Mrs. Kent called and reported that Mrs. Schofield was in [illegible]. She said however that these occasional [illegible] came and that they so unnerve her that her own strength is beginning to fail. She feels that something must be done, but what to do is the problem. E shall try to discover someplace where she could board but such is extremely difficult to find at the present time. There are Rest Homes but they charge so enormously that I fear it would be quite beyond her ability. I wish to report however that some change seems to be necessary from Mrs. Kent's statement, and that at an early date. I am sorry to have to report such painful things, but we must endeavor to meet the situation. Anything later that may turn up I shall advise you as soon as possible. R. P. M.

April 6, 1918

Dr. F. W. Schofield
Seoul, Korea. Japan.

My dear Dr. Schofield:

There came to us from the foreign Mission Board, New York the other day a bill for $324.94, which they had paid to Montgomery, Ward & Company, on your account. We thought that this was a bill on account equipment of the Institution but later information from the Treasurer's Department in New York shows that it was personal goods. A copy of the bill I attach herewith. As you will see it is a very large account and means that we have had to pay cut in addition to your outfit allowance:

To Rawlinson's for packing and shipping ························ 74.75.
Freight to Chicago ·· 35.46.
Montgomery, Ward and Company ························ 324.96.
Also Montgomery, Ward & Co., for something
which we do not have record of ························· 39.54.

Against this you paid us for the freight on the piano.

Can you explain how the items I have marked on the enclosed are made up, especially the first item of 6750 Ibs? What would comprise considerably more than three tons? I shall be glad to have any information you can give us, for you will agree that it was a very large bill that we have had to pay.

Of course I know the freight rates are very high, and we are not charging you with the transportation company's increase in freight rates in war time.

If all goes well I hope to be in Korea in July and of course I am looking forward eagerly to my visit that I may learn something about the work concerning which I have been talking and working in ignorance for eleven years. I am due to sail on the "Japan" June 20th unless a change may be necessary.

With kind regards, I am,
Very sincerely Yours,
AEA-JS

June 18, 1918

Mrs. F. W. Schofield,
107 Willow Ave.,
Balmy Beach.
City.

Dear Mrs. Schofield:

Yours just received. I hope health is steadily improving. I think the practice of the Treasurer's office will be satisfactory to you as well as to them, i.e. that there should be a monthly remittance. If any month should be omitted by any chance you can by telephoning revive their memory. I think, however, very rarely does the office overlook anything of that kind.

The practice has been in our mission that the doctors of the Mission care for the patients. We have no estimate on that account where doctors reside. I shall submit your letter to the Executive as to the further question whether or not they will be prepared to meet such extra medical expenses as may be required. I recognize the importance of your case.

I heard from Dr. Schofield some days ago, and I suppose you are regularly hearing. I am glad that he has so much improved in health, and is very much improved in health and is very much devoted to his work. His life seems to be wrapped in his ministry in Seoul.

Trusting health will steadily improve, and that the crisis when passed will bring you joy. I am,

Yours sincerely,
RPM-JS.

June 20, 1918

Dr. F. W. Schofield,

Severance Medical College,

Seoul, Korea. Japan.

Dear Dr. Schofield:

Your letter received. I am glad to hear that health has been so far restored, and that you are able to apply yourself again to a work so important and in which you take so great delight. I suppose you have by this time Dr. Avison back with you, or soon will have, and that he will carry with him encouragement and cheer. His trip has been so far successful as to enable the Christian College to proceed with the erection of the central building. But that is not your direct interest although it is a part of the whole.

I hear, from Mrs. Schofield occasionally in connection with remittances. She seems to write in good form. The last letter stated that she would soon be going to the hospital, and raised the question of medical expenses involved. The further question was raised by her sister as to her return to Korea, and her sister was I understood making the inquiry at her request. I am sure you agree with me that the thought of her return could not be entertained. We must allow the future to disclose what is best. Nothing is impossible with Him Who can by one touch break the fetters and let the captive free.

I do hope that your health continues steadily to improve, and that you will be able so to protect yourself from overwork, which is your infirmity I imagine, that there will not be another break.

I saw Mr. Winchester the other day. He looks well. He was regretting that he had not been able to get into touch with Mrs. Schofield since her return to Canada.

Our General assembly is passed, and launched the Forward Movement which I suppose you understand, and which Mr. Armstrong will interpret. He will probably be with you before this is in your hands.

The war is ever with us, but also the hope that the right will prevail. It takes faith to cherish the conviction that the day will come when nations will say "let us go up into the mountain of the Lord, and to the house of the God of Jacob." Yet it must be. "All nations will flow into Him." The fact that it seems so impossible is the guarantee that it will come to pass. He does the impossible. Your quiet devoted work is hastening the day. It may come suddenly, - a lightning flash. In the meantime patience and expectation is our attitude. The infinite movement of the spheres are never too late, always on time. So will it be.

It would gladden your to see Canada just now. The crops are wonderfully promising, and the country is at its best. It is I imagine getting more beautiful year by year. Letters Received from China report similar conditions. Missionaries say that they have never seen in China a crop like this, and they become poetic over the waving fields of grain. I hope Korea and Japan are equally promising. What a world it is! What its possibilities are, and the spiritual is capable of being more fruitful and beautiful than that which so fascinates the eye. Even in war time hunger seems the hardest feature to bear.

Go as carefully as possible, and may you constantly be conscious of His presence Whom you seek to serve.

I am, Yours sincerely,

RPM/MC

November 18, 1918

Mrs. F. W. Schofield,
107 Willow Ave.,
City.

Dear Mrs. Schofield:

At the meeting of the Executive the other day, I reported your illness and the expenses involved amounting to $125. You included in the statement you gave Miss King, $10.00 which I had given but which was not intended as a loan but rather a gift for immediate relief.

The Executive feels sympathy and yet feels itself unable to undertake the responsibilities that are not included in the ordinary estimates. They decided however cordially to make a grant of $100.00 towards your expenses. This will bring some relief, and I hope health will be so completely restored that further medical expenses will not be incurred.

I recognise the difficulty of your situation, and yet at present see no way out of it, but to endeavor to live within the allowance given by Dr. Schofield and the usual allowance per child.

Trusting that the little one to steadily improving and that you yourself are keeping well, I am,

Your sincerely,

RPM-JS.

December 3, 1918

Mrs. F.W. Schofield.
2294 Queen St. E.
Toronto.

Dear Mrs. Schofield:

Your note received reporting that your allowance is to be $40.00 per month from the 1st November and asking for the $7.00 that was not included in the last remittance.

The Treasurer rightly refuses to make any payments without authority. Dr. Schofield has not written to us and while I am sure that it is all right as you say, nevertheless the Treasurer is rightly careful and requires proper authorization. I think if you were to send the letter, or an extract from the letter received from Dr. Schofield, giving his authority it would be sufficient. It is easy to over-look a little think of that kind, and yet you can believe how important it is.

I am very glad to hear that the baby is growing so well. I hope that he so well established in health as to be beyond anxiety.

I sympathize with you deeply with your position, living as you require to live an isolated life and with limited income. Dr. Schofield is so reticent that we were really in ignorance of the situation. I wish very much it were possible to confer with him as to what is to be done. Mr. Armstrong will be back before long and I hope that some solution will be found. He no doubt talked over the whole situation at Seoul.

Yours sincerely,

RPM-JS.

1919

January 11, 1919

Mrs. F. W. Schofield,
2294 Queen St. E.
Toronto.

Dear Mrs. Schofield:

I am afraid that there hee been undue delay in acknowledging yours of 22nd Dec. I am sorry because I know what every day means to you. I see that you have misinterpreted Dr. Somerville's notion in refusing with an order to make an adjustment of your salary. This is not a personal matter at all please remember. It is a matter for the auditors. The auditors come every weak and they must have a voucher for every expenditure; They would treat me in precisely the same way as they have treated you. I have given Dr. Somerville an order, asking him to give you at the rate of $40,00 a month from the 1st Nov. so that it will be adjusted without delay.

I hope you are hearing regularly and that things are well in Korea. I am delighted to know the little laddie is growing so well and such a joy. The little picture you sent is beautiful.

I write hurriedly as I leave tonight for New York, and I am trying to overtake arrears.

Please find enclosed the Doctor's affectionate note which is of itself an inspiration.

With all good wishes.

Yours sincerely,

RPM/D

May 8, 1919

Mrs. F. W. Schofield,
191 Willow Ave.,
City.

Dear Mrs. Schofield:

The Foreign Mission Board last week agreed to give a war-bonus to missionaries in Korea, amounting to 25% on Salary which will mean $300 additional. This is for two years, and after that, when things have become normal there is will be some readjustment of which I cannot now predict. In the meantime this brings temporary relief.

Without waiting for word from Dr. Schofield, I am sending you herewith $5,00 of the amount, because the bonus is to date from Jan, 1st, 1919. What arrangement may be made 'between Dr. Schofield and yourself as to the distribution can be afterwards adjusted.

I hope the baby is better. I wish it were possible for you to go to the country for a few months for the baby's sake and your own.

Mr. Armstrong reports the splendid work Dr. Schofield is doing, how perfectly he has acquired the language and how successful in dealing with the Chinese. It is a great thing to be a great missionary.

Separation is painful and how many today are suffering from It. Letters from the wives of missionaries in France are pathetic, yet heroic for they know it is in the interests of the country and of righteousness.

Trusting you are keeping well, and with pleasure in sending this relief, I am.

Yours sincerely,

RPM/MC

August 7, 1919

Mrs. F. W. Schofield,

Port Stanton,

Sparrow Lake, Ont.

Dear Mrs. Schofield:

I was hoping that some message would come from Dr. Schofield, for I do not like at all this dealing with another man's money without his permission. On the other hand I am afraid you are finding yourself perplexed and have asked the Treasure for $75,00 out of the war bonus.

I shall again write to Dr. Schofield advising him that I have done this. I would like at least that he should report what his mind on the matter is.

I hope yourself and the baby are the better of being in the country. I am sure you are. We have another spell of pretty warm weather, which is especially hard on the little folk.

With kind regards, I am.

Yours sincerely,

RPM-JS.

August 7, 1919

Dr. F. W. Schofield,
Seoul, Korea. Japan.

Dear Dr. Schofield:

I wrote you a considerable time ago advising you that we had given $75,00 of what is allowed as war bonus to Mrs. Schofield. I hoped to have received your approval, but no communication has come.

Again Mrs. Schofield has come reporting her-inability to maintain herself and baby on her income, and asking another $75,00. This was nearly two weeks ago. She in now at Port Stanton, Sparrow Lake, and I am again taking the liberty of sending $75,00 from this war bonus in addition to her regular income according to your own allowance. I dislike very much to do this without her permission. On the other hand it is exceptionally difficult to refuse the pleadings of one in distress.

Mrs. Schofield seems very well, and the baby is growing beautifully. It would be a delight to think that her health is completely restored, and that there is a bright future.

I think I shall, however, decline any further contribution of this kind without your permission, Even if this should not meet your approval it can be easily adjusted in subsequent balance.

I was delighted to receive yesterday from Dr. Avison a copy of the report of the deputation sent from Japan to investigate condition in Korea. It has in it a great deal of promise.

Mr. Armstrong has been in B.C. for some weeks but will be back this week. He will be grateful to see the action taken, which has the promise of a change in Japan's policy. You yourself have made a very important contribution to the report of the Japanese atrocities, and the therefore the relief of Korea.

Hoping you are keeping well, and that you are enjoying the work goes without saying, I am.

Yours sincerely,
RPM/MC

August 9, 1919

Mrs. F. W. Schofield,
Port Stanton, Ont.

Dear Mrs. Schofield:

Your note just received and by this time you will have in your hands a note from me enclosing seventy-five Dollars of the war bonus. I do not need to repeat what I said in the letter as to the difficulty of doing work in this way. I at the same time sincerely sympathies with you in your difficult situation.

Dr. Schofield is one of the best missionaries in Korea and that his work, should be interrupted seems extremely unfortunate. Yet it may be necessary that he should give up this cherished work and return to Canada.

In all things may we seek His guidance in solving every problem. With sincere regards, I am.

Yours,

RPM/JS.

September 21, 1919

My dear Dr. Mackay:

I am glad that you gave the $75.00 to my wife as I feel she needed it. I expect it is pretty hard-living in Canada, even with the [illegible] salary, a prison can even think adversary. Since the [illegible] here local prices have gone way up. It is a good sign, the Korean although he has got nothing out of the government as yet seems the more of [illegible], and is preparing for [illegible] the cohesive will be made.

I spent the time in Tokyo, speaking to the missionary conference and meeting number of influential Japanese. I am both encouraged & discouraged. The [illegible] told me [illegible] that the voting followers would be that of [illegible] initiation. Our initiation by kindness was the [illegible]. Hold them to long errands would end in a bloody revolution.

I have written a book on the present Korean Liberation which I hope may be published ere long.

Thank you for all your intend both to me and my wife. Love & kindness are your recognised characteristics by all in the mission.

Yours my grateful,
W. Schofield

October 25, 1919

Dr. F. W. Schofield
Seoul, Korea.

Dear Dr. Schofield:

I do not know whether to address you in Korea of in Japan, for a letter from Dr. Avison dated Sept. 18th states that you were still in Japan and ill. I hope you have recovered and are back in Korea, after the very excellent work you did in Tokyo in behalf of Chosen. Dr. Avison was good enough to give me a paragraph about it.

Principal Cynn spent yesterday in Toronto on his way to Vancouver, He will reach Seoul about the time of this letter, I presume. I had delightful time with him, He is very optimistic and full of faith with reference to the future welfare of Korea. He was much interested in reading the proclamation of the Governor-General and other items in the Seoul Press which I had and which related to the measures promised by the new Administration. We shall all wait eagerly for the carring out of these reforms and their effect upon the Korean people.

With reference to your remarks about the World S. S. Convention, I sent on the article and our comments to Mr. Frank L. Brown. General-Secretary. As I am a member of the Executive of the W.S.S Association, I am much interested in the matter, and am going to New York next week to attend the Executive meeting.

You ought to know better than I, but I do not find myself in accord with your fears concerning the matter. It seems to me that it ought to have a very salutary influence and we shall see that many of those who go are fully informed concerning the situation, so that they will be able to learn the most. A special effort will be made to have a large party go to Korea.

I suppose you are already thinking of your sailing next year.

With kind regards, I am,

Yours sincerely,

AEA/MC

December 1, 1919

I have just written a book being now published in N.J. & [illegible] [shall] have a copy.

Seoul, Korea.

Do not use the names of any of the girls if you print the pictures.

My dear Mr. Mee:

I am sending the rest of the [story] which I wish you would [sub-] edit & publish in the [Children's] magazine. I get the magazine out here in Korea. These poor people, God alone knows what they have [been] suffering. I have as yet never seen an act of violence, although there has been in the country, but not in Seoul.

There was to be another demonstration of shouting [long live] Korea, yesterday, and I could not help but admire the bravery of the school girls as they walked up & down among the mounted police waiting for the [signal]. [illegible] hell for those who are being forced into it. Spies – torture – full jail – [looking] books confiscated, [obeisant] – a new national language – [kicks] – [slaps] & scuffs & jail because the national flag (of Japan) is not hung out on the proper occasions. The Foreign Office knows all & [illegible]. I [love] [them] and so would you if you knew their brave hearts. I was speaking about one of the girls in the photo to the [illegible] of the [illegible]. [illegible] The [three] girls in the picture are such [able] girls. The one to the left ran away from home in boys clothes to get her education. [&] studied [as] a boy.

Japan will never be able to govern Korea because she hates the people so, it is impossible to govern with justice & hate at the same time.

I am sending you some stuff that may be of interest to [Hara] this from proclamation to thousands said that those who had committed atrocities in Korea were going to be tried [illegible]. It has never been done & they have [an] intention of doing it. [illegible].

The [illegible] suffered terribly, they were frightfully [prevented] in one place [illegible] the police took [illegible], who had not done any thing wrong, & [illegible] ([illegible]) & stated that it was good for them to suffer on a [cross] on [Christland] [illegible] so before them.

Hope [illegible] is the spring of 1920.

The Foreign Office has all the information

Let me know. Do what you can do [illegible]

[illegible]

Frank W. Schofield

p.s. I don't mind having my name used if necessary.

about $35,000.00 of native churches were destroyed.

December 6, 1919

Dr. F. W. Schofield,
Seoul, Korea.

Dear Dr. Schofield:

Just an acknowledgement of yours of September 21st, received one days ago. I am quite interested in the energy and enthusiasm you have displayed in connection with the Korean Situation. It is strenuous but cannot fail to be fruitful. It has encouraged the Koreans more than you on tell, an it is also helpful in bringing the Japanese to feel the grievous blunder they have made and are making in their administration When the book appears I shall be interested in reading it.

I have not see Mrs. Schofield for sometime. The situation has been rather embarrassing. On several occasions plaintive appeals were made for more money, which we were not in a position to provide and no authority from you was in our hands. I hope the adjustment is such as is satisfactory to you both. The treasurer here cannot, of course, respond to appeals, however much we might wish to do so, without your authority. I know how much greater the pressure must be upon you. It is universal. As an illustration, I yesterday inquired as to the cost of a pair of trousers, which used to be sold at $6550 and the present price is $17.00. The treasurer of the Honan mission the other day wrote that he had sold a draft of $10.000 Gold for $9432.19

Silver. so that silver is more expensive than gold. What that means to the missionary, who used to get two to one, can be appreciated and you can appreciate want it means to the Board to have to guarantee to the missionary two to one and bear the difference.

Unless the Forward Movement is successful we are in dear waters. We have been in deep waters in the past but grace abounds in times of need. It has always been, therefore, let us rejoice.

I write this note hurriedly in appreciation of your good work and trusting that the clouds will be dissipated and the day dawn.

I am,

Yours sincerely,

RPM/JY

December 13, 1919

Mrs. F. W. Schofield,

16 Scarboro Rd.,

City.

Dear Mrs. Schofield:

I called on Thursday, and not having seen you, I venture by letter to say what I wanted to say. I recognise the position in which you are placed, and deeply sympathise with what must be the loneliness and painfulness of it all.

I cannot but feel what a great opportunity you have missed. You have, I understand exceptional musical ability, have a bright, attractive, personality, have enjoyed a fairly good education and you were there in Korea where the people are so ready to receive any help that is given to them. If you and Dr. Schofield had unitedly thrown your hearts in to that work, you could have made such a record as any man might have envied. Nothing you could possibly have done at home could be compared with it, and yet the opportunity was thrown away. It is not too late to recover, but it must be, if at all, by a new viewpoint of life and duty upon your part. Dr. Schofield is a great missionary and is doing a great work. No greater can come to any man than he is now doing in behalf of the Koreans.

Your letter to him that you are very ill distracted him. He is still loyal to you, and yet feels that the work he is doing is so great and so urgent that the work he is doing is so accordingly cabled asking for a report as to your health, for as the servant of the Foreign Mission Board he has no right to come home without permission of the Board and that permission can only be given upon proper medical certificate. Such inquiries as it was possible to make gives the impression that you are about your usual health, although never very strong, and accordingly he does not feel justified in returning.

There is one other thing that perhaps ought to be said. All reports that have come from Korea gave the impression that an impossible condition existed when you were there. You could not live together. The Doctor's life was largely defeated and he himself felt, as others that you had better live separately. Dr. Avison and others were of the same mind upon that points. hence your return. What hope is there now that if he did come home, things would be better! Such a man of intense loyalty to Christ and high ideals of duty is not prepared easily to forego the privileges of a great life work. It does seem clear, does it not, as I have already stated, that the only solution lies in a new attitude a new viewpoint of life and duty on your part. That solution is found in Jesus Christ, and in Him alone. He is the way and the truth and the life.

I write these things frankly because I am quite interested in you, and have a sort of feeling, rightly or wrongly, that you have been trying to exploit both the doctor and the Foreign Mission Board. I want you to feel definitely that things cannot be done in that way.

There is another and a better way.

Whatever unfortunate things may have occurred in the past can be corrected if undertaken in the right way, and that better way is within reach of us all. I dislike very much to write thus, but I feel that the time has come when somebody should speak frankly and let you know definitely how thing stand.

Mr. Winchester told me sometime ago that he tried to get into touch with you and failed. Of course it is your privilege if you so desire to refuse an interview with any or all, but that will not be to your advantage nor to his.

I was glad to learn that the baby is growing nicely, and that you are able to give him open-air exercise which is the best kind of medicine.

Trusting you will be able to accept this in the spirit in which it is offered, I am,

Yours Faithfully,

December 16, 1919

My Dear Bob:

[illegible], by what a lot of worry I have had recently. Cable from Allie saying come [ought] home I have cables back but no answer. Then the 'gang' got [illegible] here & the Japanese papers came out with awful slander. I was supposed to be The [Arch] [agitator] in Korea. [Mr.] Schofield is a most [illegible] man [we] [can] [assist] [illegible] changing [on] the independence agitation in Korea [illegible]. This is [big] [head] [line] is not my [illegible] is it [illegible]. All claimed "The big atrocity of the Tower [illegible]. I would [illegible] called on the Governor [illegible] & he denied it all. He was most kind to me. I have an idea who were behind things. (The Police) They [illegible] to me like [sin], because I have recently been exposing their torture stunts. However I prayed & [of these/this] prayer & the [Lord] [evoked] things [out] right. The [beggars] thought they had [me]. I pity any one who gets into the hands of the police here. Well what about Allie? I am worried. The [Body] [thing] is so much out here. I would like to chuck up all my work at [Severance] & go with [illegible] [on] [out] [to] [nice] [campaign], it will take [one] man all his time to fight the [vice].

I will close, {illegible}

Love to you & your sweet {brother],

Frank

December 23, 1919

Dr. F. W. Schofield

Severance Medical College.

Seoul, Korea. Japan.

Dear Dr. Schofield:

Dr. Mackay received your letter of Nov. 5th on December 8th. He and Dr. Defries made a trip to see your wife, but failed to see her. They however, got all the information necessary from the lady of the house in which your wife is staying, and accordingly sent you the following cablegram, Dec. 12th, "Allies usual health."

Doubtless Dr. Defries will be writing you about the matter, but our opinion is that you need have no hesitation about remaining in Korea, as your wife's health seems to be quite as usual, and that is fairly well, and the child is quite well. She takes him out practically every day, we are informed. Dr. Mackay has written Mrs. Schofield a letter which we trust will have the effect of soothing and setting her into a state of willingness to leave you in Korea until the regular time for you to come on furlough.

I am hoping that I can find out the 'press' that has charge of the printing of the book.

With kind regards and best wishes, I am,

Yours sincerely,

AEA/MC

December 27, 1919

Severance Medical College.

Dr. F. W. Schofield,

Seoul, Korea. Japan.

Dear Dr. Schofield:

Your cablegram, "Cable about Will Schofield" arrive Dec. 22nd. We do not understand what this means, unless Will is the second name of the baby. Dr. Defries says the baby is called Frank, and he suggests that possibly the word 'Will' in the cablegram is an error in trasmission and should read 'Allie'.

Our reply cablegram "Allie usual Health" was sent Dec. 12th, and should have reached you before you would need to send the cable which we received on the 22nd inst. If Dr. Defries conjecture is correct that your second cablegram should read "Cable about Allie Schofied" (though we think Dr. Defries is wrong in his guess) why we should cable again about either we do not understand if you got our first cable. As it was in English, you should have received it without delay. It has not been reported back to us, so that we conclude it was delivered sometime. Please let us know the date you got it that we may know how long it takes for a cablegram to reach its destination.

If the baby has been ill we would have said so in the first cablegram, as I would suppose you would assume. The fact is that

Mrs. Kent reports that both your wife and baby are well, and the baby exceptionally well. As I said in my letter of Dec. 23rd, there is no occasion for you to be worried about them, nor to come home before the time you planned to return. I do not know what more we can say, and we are not answering the second cablegram by cable because we do not know what to say, nor why we should cable a second time. We are very glad indeed to do anything we can that will furnish you with information you need, but a second cablegram would simply repeat the first.

The Student Volunteer Convention in Des Moines, Iowa, next week, will be attended by about 500 Canadian students, probably a third of them Presbyterian. This will give us an excellent opportunity to get our Forward Movement programme before the Presbyterian students of our Colleges. We shall have all Saturday afternoon for it, and will make the most of the occasion, and hope that Korea will see the fruits of it during the next few years.

With kind regards. and best wishes, I am.

Very sincerely yours.

AEA/MC

1920

January 22, 1920

Dr. Schofield

Severance Medical College.

Seoul, Korea.

Dear Dr. Schofield:

I sent you yesterday the following cablegram

Schofield. Seoul, Korea. EDVASYLYIP.

De-coded it means "come as soon as possible wife not very well".
We also sent a night lettergram to Rev. E. M. Clark who sails today
on the "Russia" for Henan. We told of our cablegram to you and
asked him to write you a letter posting it at Yokohama that you
might get it more quickly than you could get this. We told him what
to tell you but of course he would not know very much.

I may say that the condition of your wife is not alarming. She is
as well as she has been for the past few months. However, she is

probably not in as good condition as a year ago. Dr. Defries told me that the doctor advises that she should stay in bed without moving for three weeks in order to get her nerves quieted. Mrs. Kant felt that you should be with her to look after her, and taking everything into consideration we reached the same conclusion that you should now instead of waiting until May, if you can get passage. Before you get this you will of course have secured passage. I presume eastbound traffic is not nearly as heavy this time of year.

Dr. Defries showed me your letter to him recently concerning reports of a slanderous nature regarding yourself. So long as missionaries refrain from political interference it would seem altogether unlikely that the Japanese authorities would be so foolish as to arrest a foreigner simply because he protests against the inhuman treatment of prisoners, and the barbarous methods of suppression of the independence movement.

I fancy all missionaries are agreed, as practically all Britishers and Americans are, that the independence movement should not succeed as independence would not be desirable for Korea at the present time. Is this not right! The World will be quite satisfied if in overcoming the revolt the Japanese take a kindly view of the natural expressions of Korean patriotism and deal gently instead of cruelly with them. It is simply what we would demand of Britain in suppressing a revolt, say in India namely that prisoners be treated according to modern humans ideals.

with best wishes and kind regards, I am.

Yours sincerely.

AEA

1921

March 9, 1921

Dr. Frank Schofield.
Presbyterian Mission Board,
Confederation Life Bldg.,
Toronto, Ontario.

Dear Dr. Schofield:

Yesterday your letter came with cheque for one Hundred Dollars ($100.00), and today a note from Miss King, and another cheque for one Hundred Dollars ($100.00), to be paid on Mrs. Schofield's account. We thank you for both. Her balance, as you will se by account sent you amount to $179.86, leaving a balance of $19.89, for which please find enclosed cheque, plus exchange .15.

I was sorry to know that you were so upset by your visit on Sunday. After you had gone Mrs. Schofield got up, dressed, and went out for a walk. In a letter I received from her this morning she tells me that she went up to the drug store, and bought .25 worth of Aspirin, intending to go back and pay for them another time. She asks if we will pay for them and put on her bill.

After settling down for the night, she began moaning and making so much noise that we could hear her through the upper hall. At 10.30 I went in and told her if I heard any more such sound from her, I would give her a good spanking. She became quite indignant, and said I dare not put a hand on her. I said I would certainly keep my word, and she told me she would leave on Monday. I simply put the light out and left room, and we never heard another sound until morning. I am giving you this in detail, as you ask me if I think severs discipline would accomplish anything. I too am sorry now that I was not firmer with Mrs. Schofield at the beginning, but now knowing the case until having had her under observation for some week, I did not know was the best thing to do.

To me the ideal way of treating her, would be to persuade to a different way of thinking, but how that could be accomplished I could not even suggest.

August 2, 1921 (est.)

<u>Re KOREA MISSIONARIES AND WORK AMONG JAPANESE</u>
<u>Dr. Frank W. Schofield's Comment upon Mr. Heron Smith's letter</u>
<u>of June 25, 1921.</u>
<u>to Mr. Armstrong.</u>

Before dealing with the specific change made by Mr. Smith I think it would be advantageous to briefly consider some of the conditions which exist in Korea and their influence upon Mission policy.

Due to the weakness of Korea and the military strength of Japan Korea lost her independence and become not by consent by force a party of the Japanese Empire. Few of the promise made at the time of the Act of Union have been Kept. The people have suffered all kinds of injustices and have been denied the hope of ever regaining their freedom or even self-government such as is being granted to India for instance. Japan's policy of forced assimilation has been condemned by some of her own statesman and by most of her liberal thinkers.

The Missionaries to the Koreans become more and more "Koreanised" the longer they are in the country. It is impossible for it to be otherwise they speak the language of the korean. read his literature and study his customs, and progressively see things from the Korean point of view. A Missionary who is not sympathetic and who does not suffer when his people suffer will fail as a Missionary. Can one remain indifferent to the stories of torture or to the unjust acts of the Oriental Development Company in turning Koreans off the land and renting it to Japanese? I do not mean that one has to see eye to eye with the natives in all things, especially those which are purely political, but what must be the attitude of the Missionary toward those who are responsible for their conditions which are absolutely wrong? I think it should be one of love, because love alone can change the heart of these misguided rulers. But this does not mean compromise with what he knows to be entirely wrong. He must be the same to the Japanese as to the Koreans, always for right, justice and truth. Mr. Smith takes a different position, he says, as in his letter "it looks as if japan was in Korea to stay", therefore as far as the sins of occupation go he is indifferent. He is interested only in christian [illegible] the Japanese. I could never take this position, and to my dearest friends among the Japanese always stated that Annexation was robbing and assimilation an iniquitous policy. But Mr. Smith knows perfectly well that it would be almost impossible to Christianize the Japanese in Korea, if he were to depart from their position re Annexation and Assimilation. It is like saying thief "You have got away with the plunder in such an excellent way that I am not going to interfere in that matter, but I want you to believe in Jesus because it is my job to Christianize everybody". To raise the question of plunder would antagonize him and render your chance of Christianizing him Slim. The man of the Japanese in Korea dare not think or speak contrary to the will of the Government. This is not in Japan.

The situation in Korea is very like it might have been in U.S.A. if Germany had won the war. The German Government general operating from Washington has a chaplin Herr Smidt who looks after the spiritual welfare the Germans occupying American he complains bitterly of lack of love for himself and his people on the part of the ministers of the native Americans. Let us now briefly consider some of the charge:-

(1) <u>The Japanese are suspicious of the Missionaries.</u> This is quite true and for several reasons.

(a) The Missionaries have always refused to be government agent advancing their policies. This has been taken as an act of unfriendliness The Missionaries were asked in conference by the Government and unofficially by Seoul Press to help put down the uprising by they refused. Most of the Missionaries Keep entirely out of politics and their love for <u>the Korean is considered to be evidence of an Anti-Japanese spirit.</u>

(b) It is most irritating to the Japanese that the Koreans love the foreigners and confide in them. This increases their suspicion of the foreigners.

(c) The Japanese know that the Missionaries are not at all in sympathy with their policy of forced Assimilation. They therefore suspect the Missionaries of plotting against them.

(2) <u>They the Missionaries have not a Missionary attitude towards the</u>

Japanese. This merely means that they have not Mr. Smith's attitude towards the Japanese. Under the conditions which exist in Korea it is one of the most difficult things to be a Missionary to both the Japanese and the Koreans, or to even fraternize with both. Mr. Smith complains frequently that no Missionaries save DeCamp – ever led a Japanese to christ. I would like to know if Mr. Smith has ever converted a Korean? He would not have a ghost of a show if the prospective Korean know who he was. I am sure he knows that by all the Koreans he is disliked and many hate him. Just as I was hated by most of the Japanese about $5000.00 to get him out of the hole. I think that Mr. DeCamp questions the eternal salvation of his debtor. I mention this to illustrate the sad yet true conditions. Many Missionaries avoid all dealing with the Japanese because they realize that it hinders them in their work with the Koreans and it is doubtful whether they can do much more than teach the Japanese English. Is it possible for us to get very far when Mr. [illegible], the Secretary to the Gov. General and one of Mr. Smith's strongest Christians was most indignant with me for refusing to speak of the Koreans as patriots, while to cover up the sins of the police he absolutely denied to me the existence of torture in Korea. Another case the "Moody of Japan". I forget his name, came to me to get all information re the atrocities. I gave it. He was indigent and was going straight to see the Governor General. I met him the following day and asked how he got along. He had not seen the Gov. General but he told me he and been given $20,000,00 for his church work by the director of a quasi-government institution.

(3) "That the Missionaries are a hinderance to Mr. Smith".

Yes, I should imagine they are, and chiefly for the reasons given above. Most of them see things from a totally different view point to Mr. Smith. Smith is a decent enough follow, yet he has a streak of Prussian Imperialism running through him. which makes it difficult for a democrat to appreciate him.

(4) "That the Missionaries are bitter and lack the spirit of christ to love our enemies."

I think Mr. Smith is wrong in thinking that most of the Missionaries have a non-Christian attitude towards Japanese. They all hate their cruelty but they do not hate the individual Japanese. There are a few who have spoken viciously about the Japanese at the time of the atrocities, but are they worse than the many of christian ministers at home who spoke words of hate about the Germans in Belguim? We all sin here in finding "to love our enemies", the most difficult of Christ's Commandments. As Mr. Smith says, "I wrote the Bishop to say that I might lose my religion if I had to go back to such an atmosphere." Is questions whether he can love the Missionaries who are so irritating to him. I think that the spirit of bitterness which was evident during 1919 will have passed away by now. I know that before I left many Missionaries were wondering what they could do to bring Christ to the Japanese. We all realize to be the most difficult.

Mr. Smith ought to remember that there were a great many Missionaries endeavouring to pick up the Japanese language in their spare time, This was a great burden yet it was for the sole purpose of being able to get into contact with the Japanese.

As to telling or half truths. Mr. Smith's little pamphlet "The Other Side of the Korean Question", is a classical example. If he did not intend to be a liar he was ignorant of the other half. Mr. Smith knows less about the Korean side of the case than any white man in Korea, and most of us know little about the Japanese side of the case. As a result some half-truths have been published, Mr. Smith's half truths arouse Japanese hostility and the ire of Mr. Smith. Mr. Smith is mistaken in thinking that the Japanese hate one-half truths and therefore hate Missionaries because they tell half truths. They would hate the Missionary quite as much if he told the whole truth if it was an expose of their evil. However great care should always be taken in stating both sides of the case. I do feel that Mr. Smith has been a great offender in not stating the whole truth. Take for example his present letter. He gives the shooting of Mr. Wellharen and the injury of Capt. Barstow as a reason for the Japanese primitive expedition into Manchuria. It had absolutely nothing to do with it. The robbery Mr. Smith referred to occurred in 1916 and had been forgotten by most of us. They Japanese entered Manohuria to try and capture some of the patriotic band of insurgent that had been operating from there into Korea. They also wanted to show the Koreans that to flee into Manohuria offered them no sanctuary from Japanese oppression.

Smith's letter I feel that he has failed to group the psychology of the situation and does not understand human nature. However I am glad that he written as he did, because it will help us to see how we have failed to reach the Japanese, and make us more determined to find some method of approaching and solving this most difficult problem.

Frank W. Schofield.

September 7, 1921

Dr. Schofield.
Knox College, City.

Dear Dr. Schofield:

An interesting letter from Owens has just come, and you will be interested in the following extract from it.

"The case of Miss Maria Kim was appealed before the highest court and again her sentence was confirmed. When the judgment was handed down she was a patient in our hospital. She was ordered to report at the jail on August 1st. Dr. Mansfield found she had T.B. and he made a certificate that she should not be required to go back. I must say that the government has been fairly lenient with her, for she has spent comparatively little time in jail, if any, for about a year past. She was in our hospital some months this time last year, then went to Kwangju, and then stayed most of the winter in a Korean hospital in Seoul. After leaving our hospital in July this year she went back, I understand, to the Korean hospital. When she did not report at the Jail on August 1st the police began to search for her. A Korean paper reported two or three years ago that a cable had come stating that Miss Kim had arrived in Shanghai. If this is so she has jumped her bail. Some think that Miss Esteb has [illegible] for her, but I cannot verify this because Miss Esteb is summering in the Diamond

Mountains. Schofield will be interested in this news if you can send it to him. I have heard some expressions deploring Miss Kim's action.

Sometimes in June Dr. C. C. Hopkirk and family of Chicago arrived on the field and the Mission assign them to Severance. Dr. Hopkirk gave up a practice of $35.000 per annum to come here. He is an expert X-ray surgeon. We sold our X-ray plant and a new one arrived in July that is a dandy. Through Mr. Severance's generosity we have got in the past year a fine laundry plant, the X-ray outfit, and there is now passing through the Customs a fine sterilizing outfit. We also received 35 high beds and mattresses. Utica Presbytery and the Brooklyn-Nassau presbytery are now responsible for supplying us with bed linen and surgical dressings, bandages etc. In this way the ladies are keeping up the Red Cross work they so much enjoyed during the war. We have received many parcels through the mail and the present shipment in the Customs contains several cases. There is a change of securing a Dr. Bruff as bacteriologist for a 3 year term. I am awaiting a telegram from Dr. Avison before cabling him, a second foreign dentist, Dr. McAnlis, sails August 26th. Two doctors appointed to our Mission expect to act as Interns here for the winter, so we shall have a good deal of help this winter. If we don't get the bacteriologist though we are up against it, I hope Dr. Found will [illegible] too."

The rest of the letter deals with our Annual meeting at Wonsan, and the attitude of the Council towards the Union Institutes in Seoul. You are welcome to read it all if you wish to see it.

He enclosed copy of letter Dr. Avison to Dr. Gulick summing up the political situation.

Miss Fox, our new nurse, goes to Seoul Sept. 1st. Dr. Grierson goes to Songchin, and therefore the C. L. S. does not get him.

With kind regards.

Sincerely yours.

AEA

1922

March 19, 1922

Dr. Frank Schofield.
110 University Avenue.
CITY.

Dear Dr. Schofield:

A letter came from Ham Heung signed by the staff in that station asking that you be sent out as an evangelistic missionary.

I personally agree with them that in evangelism your life would be fruitful. I recognize your ability and devotion. I wonder whether or not I would be justified in speaking to you in a fatherly way about another matter.

I have heard again and again protests against your public utterances, especially as to British influence and policy and in addition to certain reflection upon fellow missionary teachers in Korea. Some have both decidedly indignant as to what you have been saying and wonder whether or not you represent the mind of the Foreign Mission Board. I did not myself hear nor see in print these utterances, but have heard so frequently of them that one wonders whether of not they are correctly reported. Whilst none of us think Britain's administration is infallible, yet we do know that she is the greatest civilizing power in the world. Whilst there are blots, yet her influence has been beyond that of any other power in the interests of righteousness. Where would India be today without British administration? What would happen tomorrow if Britain was not there? However, I am discussing without personal knowledge of what you say, but find that something or other has been said that affected the judgment of members of the Board as to the advisability of appointing you as a missionary.

I think it right to inform you of this in order that you may know how the wind blows. It is not flattering you when I say that I value your enthusiasm and ability very highly and feel sincerely sorry that such gift capable of so much should be in any way impaired to unguarded utterances. In this you may entirely disagree with me, but my personal regard makes me feel that the brotherly thing is go tell you what some people say. I am

Yours sincerely.
MPM/MRP

August 12, 1922

Dr. F. W. Schofield.
110 University Ave.
Toronto, Ont.

Dear Dr. Schofield:

Your letter just received. I appreciate your approval of my letter to the Globe, of which I was glad to receive endorsation from different directions. My hope is that it will tend to arrest the policy and hurtful propaganda of certain extremists.

I write particularly to say that I think that my judgment agrees with yours as to the advisability of remaining in Canada for at least another year. I fondly cherish the hope with you, that Mrs. Schofield will recover health and that you will yet enjoy a happy home.

I had a letter from Korea the other day, reporting the action of the Council in deciding that you should serve in Seoul rather than in evangelistic work, but that your maintenance should be provided for in some other way. That is altogether too indefinite to build upon.

In the meantime. I think a little longer time will help to solve the problem, and you will be profitably employed in the Government service.

I cannot endure the thought of your going to England on steerage. The difference I notice, between the steerage and second class passage in something less than $50,00. I accordingly am doing myself the pleasure of enclosing a cheque for $50,00, which will enable you to maintain your own respectability as well as the respectability of the presbyterian Church. You are altogether too good and too big a man to be allowed such inconveniences whilst the rest of us have comforts. Please accept this without any squirming, and allow me to express the hope that you will find your sister improved. I am sure the visit home will be to you and to them, profitable and enjoyable. I am.

Your sincerely.
RPM/AB

August 30, 1922

Dr. F. W. Schofield.
15 Arbert Park.
London, N. 5.
England.

Dear Dr. Schofield:

My wife and I returned yesterday after eleven months of most profitable and interesting experience.

I shall bring up in the Executive the question of your return to Korea on salary as a missionary of our Church as you more formerly.

The recommendation of the Council is that you will be allocated to Seoul, the idea being that you would be on the staff of Severance, and do as much evangelistic work as possible in the city. I hope the Executive will approve this recommendation.

The annual Council Meeting was not very satisfactory. MacDonald calls it "The worst of a long line, even more unpleasant, unsatisfactory and nerve-racking, than its predecessors." I would not have used such strong adjectives because they had some difficult questions to tackle, chiefly allocation of the few missionaries to the several stations, and the educational policy for the Mission in view of the high cost of making an academy registered or approved by Government.

Kim Kuan Sik is Coming to Canada for study, especially religious education and Sunday School work.

Grace Li was to come, but she is getting married instead to a Dr. Kim in Severance. This will be a great disappointment to the McCully's.

MacDonald is very anxious to make much of the twenty-fifth anniversary next year. He wants a Canadian speaker for the annual Bible Conference and hope such a person could be a representative of the P. M. B. and J. M. S. He also is ambitious for the presence of a representative from each of the other Canadian Presbyterian Mission in Asia. They are planning a Canadian number of the "Korea Mission Field" -- October this year.

Will hope to see you as soon as you return, and trust there will be opportunity for a satisfactory that about things Korean.

Very sincerely yours.

AEA/MMP

1923

January 17, 1923

Dr. Frank W. Schofield,
Ontario Veterinary College.
GUELPH, Ont.

My Dear Dr. Schofield:

I have your letter of the 12th, and at our Executive Meeting yesterday, I mentioned your expressed desire to return to Seoul.

Dr. Mackay and I of course knew all this before.

We agreed to defer action until later on, possible until the Board meets in April. This will not please you, and you may find it desirable to go back to Korea with Dr. Wilson in leper work. However, in the state of our finances we cannot do otherwise, and it may be that reports from Korea may be such before April as will enable us to re-appoint you to your old work, but I cannot say definitely at present.

With kind regards, I am
Your sincerely
AEA/B.

January 20, 1923 (est.)

Ontario Veterinary College

Guelph

Friday

My dear Mr. Armstrong:

In our last conversation you suggested - not seriously I know - that presently the American Presbyterian Board might take Dr. Mansfield over & then I could get to Severance. Here is a practical suggestion might the U.S.A. Board be induced to take me their representative for the present? While I would be very sorry to leave our Board yet I would gladly go under any board if I could get back. Will you let me know whether the U.S. Presb. Board or Methodist are short on their appointments. I am willing to [illegible]. I may get back with Dr. Wilson in Leper work. I try to be patient but it is trying.

Yours,

Frank W. Schofield

March 22, 1923

Dr. Frank W. Schofield,
Ontario Veterinary College.
Guelph, Ontario.

Dear Dr. Schofield:

I did not answer your letter of Feb, 29th. I hope you will be in Toronto as you said toward the end of this month. I am sorry you can not be here on Sunday the 25th or April 1st for I am home those days. However, let me know when you are coming.

No. The omission of your name from the list you saw in the paper has nothing to do with your going or not going to Korea. We are hoping the Board will accept the Executive's recommendation and appoint Mr. Yates at its meeting April 17th-20th.

Now I wonder if you can plan to be present sometime during that Board meeting, and state your case to the Board. That would be the very best thing to do. In our present financial situation there is no likelihood of appointing you to Korea so long as Mansfield is our representative on the Severance staff.

I have the feeling however, that you might be able to go out and raise your own support, though perhaps I am suggesting too big a burden for you to undertake. You know how eager I am to see you back in Korea and In Severance and there is something I would like to say to you about it that I do not care to put in paper, but will reserve it until I see you.

You certainly had a narrow escape in that accident. The Lord evidently had further use for you when He left you in this planet when you were foolish enough to get under a moving streetcar.

With kind regards, I am.

Very sincerely yours.

P.S.

Mrs. McRae is returning in the fall with her children as she feels her place is in Ham Heung, and her husband writes beseeching her to come.

April 13, 1923

Dr. Frank Schofield

Ontario Veterinary College.

Guelph. Ont.

Dear Dr. Schofield:

Thanks for your letter of Apr. 11th.

Miss Anna McNeil has been spoken of very highly and we are suggesting that she put her application in to our Woman's Board, for while they cannot appoint any more this year they may put her among the first on the list for possible appointments next year.

Your dear friends, Anna Louisa and Anna Elisabeth are anxious to get her for the educational work at Wonsan.

We had a great address at Knox College last night form Dr. Cheng of Shanghai. He was given the "D.D" degree by Knox College in 1917, and since then has grown in Christian grace and power – I suppose I ought to add because of that degree.

I have never seen a convention presided over with more dignity, grace and ability than the Shanghai Conference of ten days, last May, of which Dr. Cheng was Chairman. He speaks at a mass meeting tonight and I wish you could hear him.

I note you hope to be at the Board meeting. We shall be glad to see you.

Sincerely yours.

AEA/B.

August 7, 1923

Dr. F. W. Schofield

Ontario Veterinary College.

Guelph, Ont.

My Dear Dr. Schofield:

When at the train seeing the Frasers off this morning Mr. Fraser, told me that he would like very much if, on your way to and from Elgin House, you could arrange your travel to go to call at the sanitarium near [illegible] and see Rev. Grover Livingstone who is there as a blind patient. Mr. Fraser tells me that he spoke to you about Mr. Livingstone. I called to see him in the Spring, and found him a very interesting man of unusual intelligence and keenest of mind. He wanted to be a missionary to Korea, but on enquiries of other Boards, it seemed inadvisable to appoint him to a country where he would get the spoken language only.

I am sure you will greatly enjoy meeting Mr. Livingstone and talking with him, and I hope you will plan to spend an hour or two with him, either going or coming, of it possible both, since he must be very lonely to talk to about things concerning the faith and the church and missionary works. If you think of it, you might tell him that Mr. Fraser was exceedingly sorry that he hadn't time to go up to see him.

With kind regards. I am.

Yours sincerely

AEA

October 18, 1923

Dr. Frank Schofield,

Ontario Veterinary College.

Guelph, Ont.

My Dear Dr. Schofield:

I am enclosing a copy of that article in the China Medical Journal to which I referred as the cure for Sprue. You will be interested in it.

I was delighted with the privilege of meeting you on Sunday and cannot tell you how much I appreciated the enthusiasm you put into Christian work. You are an inspiration and a rebuke to most of us.

This very hurriedly.

Your sincerely

RPM

December 4, 1923

Dr. F. W. Schofield

Ontario Veterinary College.

Guelph, Ont.

My dear Dr. Schofield:

Some time ago you wrote me asking when Dr. Avison would be in the U. S. A. I learned that it was decided by the board in Seoul that he should not come to America this Autumn as was formerly thought wise.

I was very grateful for you quotation from Dr. Sharman regarding the good work you have been doing among the students. If you do not go back to Korea, I wish you might spend a year as Student Volunteer Secretary in Canada, that is if Hugh MacMillan goes to the foreign field as I hope our Board will make possible next year. He is under appointment, but his field has not been determined.

The Barkers are with his brother at Unionville, Conn. A recent note states that he is feeling a little better but he was in a bad way, very depressed and go gloomy that his wife was afraid something serious might happen. The doctor advised him to get out and do some physical labour, but that is hard to find.

Miss McKinnon is very delighted over the prospect of her recovery owing to treatment by Sir. Leonard Rogers in [illegible]. He holds out hope of her getting back to Korea but [illegible] a year or two working herself in nursing in Canada.

Dr. Martin is to be senior house surgeon at Wellesley Hospital for three months, beginning Jan. 1st. His wife had a hard time with a hemorrhage arterial operation in October, but she making slow steady progress. They are living at Orilla. Grenfell told MacGillivery, the minister at Orilla, that Martin was the best medical colleague he had ever had.

MacDonald writes that he has been away into the interior and had received a letter from his wife saying that "a very ugly and serious situation in Wonsan has developed." He does not know much about it except that one of the leading men in the church at the prayer meeting "made a long and deliberate and abusive tirade against the missionaries, while the session the congregation sat in silence and listened to it all." Later individuals expressed privately their regrets and shame, but took no official action and "the man who did the act has just been elected elder," after he had given vent to his feelings about the missionaries.

MacDonald Promises to write me fully about it later, but he says that he is convinced them this and other things that have happened make it imperative not so much to have more missionaries and more money but "a new policy that will make it possible for the missionaries to have to work and to use the money we have to advantage."

I am sending the letter onto the Barker and I think also to the Rogers who are in Kansas to find out what they think about a feeling

I have but am not certain about, namely, that the Board should send a letter to the Korean Church informing them that our financial difficulties, which are likely to continue for a year or two may make it imperative for us to close some of our work, and that if we are forced to take the step the [illegible] to take to in Korea by withdrawing from Wonsan or even from the whole Mission. This sounds drastic one like a threat, and while it would be to some extent a threat, yet it really may be necessary for us to consider where we can reduce the amount of work we are carrying on in view of the greatly increased post of maintenance. Would it not be a wholesome lesson for the Koreans?

We asked the Mission to consider at its annual meeting withdrawing from Wonsan as was proposed in 1919 and letting the Southern Methodist take care of that Field. The Council this year discussed it for a long time, and then only some ten voted [illegible] against withdrawal. At any rate the feeling seems to be almost evenly divided between remaining and withdrawing.

With Best wishes and kind regards, I am
Very Sincerely yours.

정재현

연세대학교 철학과를 졸업하고 에모리(Emory University) 일반대학원 종교학부에서 종교철학전공으로 박사학위(Ph.D.)를 받았다. 연세대학교 연합신학대학원 종교철학 전공주임교수를 역임했으며 현재 연세대학교 교무처 산학특임교수이다. 12권의 저서와 다수의 공저와 역서를 출간했으며 주요저서는 다음과 같다.

『신학은 인간학이다』(한국연구재단 지원 우수연구도서)
『자유가 너희를 진리하게 하리라』(문화관광부 선정 우수교양도서)
『망치로 신-학하기』(대한민국학술원 선정 우수학술도서)
『우상과 신앙』(문화관광부 선정 세종우수학술도서)
『미워할 수 없는 신은 신이 아니다』(문화관광부 선정 세종우수학술도서)
『앎이 그대를 속일지라도』(연세대 인문사회학술지원 선정도서)
『믿음이 그대를 속일지라도』(연세대 인문사회학술지원 선정도서)

김종우

생명과학대학을 졸업하고, 조직신학과 의학을 공부한 후 신학박사학위를 받았다. 연세 대학교 한국기독교문화연구소의 전문연구원으로서 한국연구재단의 인문사회연구소 지원사업인 〈내한 선교사 편지(1880~1942) 디지털 아카이브의 구축〉의 연구원으로 일하고 있다. 주일에는 한국기독교대학 신학대학원협의회 소속 목사로서 시온산 교회 를 섬긴다.

내한선교사편지번역총서 7

프랭크 스코필드 부부의 수발신 편지 1916~1923

2023년 6월 2일 초판 1쇄 펴냄

지은이 프랭크 스코필드 외
옮긴이 정재현·김종우
펴낸이 김흥국
펴낸곳 도서출판 보고사

책임편집 이소희
표지디자인 김규범

등록 1990년 12월 13일 제6-0429호
주소 경기도 파주시 회동길 337-15 2층
전화 031-955-9797(대표)
    02-922-5120~1(편집), 02-922-2246(영업)
팩스 02-922-6990
메일 kanapub3@naver.com / bogosabooks@naver.com
http://www.bogosabooks.co.kr

ISBN 979-11-6587-463-6
    979-11-6587-265-6 94910 (세트)
ⓒ 정재현·김종우, 2023

정가 13,000원

〈이 번역서는 2020년 대한민국 교육부와 한국연구재단의 지원을 받아 수행된 연구임
(NRF-2020S1A5C2A02092965)〉